AF275195

COLEX

GRACIAS POR CONFIAR EN COLEX

Disfrute gratuitamente **DURANTE UN AÑO** de los eBook, audiolibros y Colex Copilot de las obras de Editorial Colex*

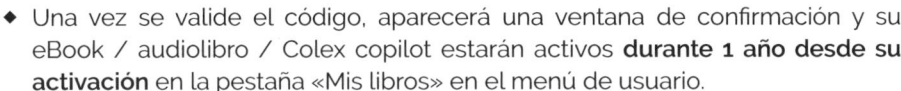

ACTIVA TU CÓDIGO PARA ACCEDER A LOS SERVICIOS

1. Accede a **www.colex.es**.

2. Inicia sesión o regístrate como usuario.

3. Dirígete al menú de usuario y haz clic en **«Mis códigos»**.

4. Introduce el siguiente código **(RASCA PARA VER EL CÓDIGO)**:

♦ Una vez se valide el código, aparecerá una ventana de confirmación y su eBook / audiolibro / Colex copilot estarán activos **durante 1 año desde su activación** en la pestaña «Mis libros» en el menú de usuario.

No se admitirá la devolución si el código promocional ha sido manipulado y/o utilizado.

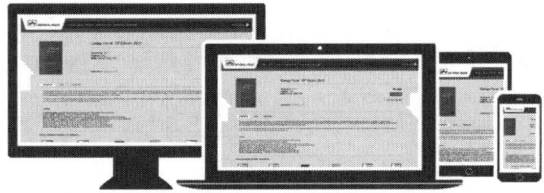

¡Gracias por confiar en nosotros!

La obra que acaba de adquirir incluye de forma gratuita la versión electrónica.

Acceda a nuestra página web para aprovechar todas las funcionalidades de las que dispone en nuestro lector.

Funcionalidades eBook

Acceso desde cualquier dispositivo con conexión a internet

Idéntica visualización a la edición de papel

Navegación intuitiva

Tamaño del texto adaptable

Síguenos en:

NUEVA FUNCIONALIDAD CON INTELIGENCIA ARTIFICIAL EN LOS LIBROS DE COLEX

| Una cortesía de Iberley.es |

En Colex damos un paso más en innovación jurídica. Desde ahora, las guías «Paso a paso» y los «Vademecum» incorporan una nueva funcionalidad basada en **inteligencia artificial**, gracias a la tecnología de **Iberley IA**.

El lector podrá interactuar directamente con el contenido del libro de forma inmediata, útil y centrada exclusivamente en su materia.

☑ **¿Qué puede hacer el usuario en el libro?**

- Realizar preguntas sobre el contenido del libro.

- Solicitar explicaciones de artículos, conceptos o normativa.

- Utilizar un ChatBot inteligente, contextualizado y acoplado al contenido legal del libro.

- Resolver dudas puntuales mientras se estudia o trabaja con la obra.

☒ **¿Qué no puede hacer esta versión del ChatBot?**

- ✗ No permite generar escritos jurídicos.

- ✗ No analiza ni responde documentos externos.

- ✗ No responde a consultas de otras materias distintas a la del libro.

Esta herramienta está pensada para enriquecer la experiencia de lectura y consulta del libro. Su uso es exclusivo sobre su contenido.

¿QUIERES IR MÁS ALLÁ? DESCUBRE IBERLEY IA

Si necesitas una **solución avanzada de inteligencia legal**, con cobertura total de materias y documentos, entra en **www.iberley.es** y accede a todas las funcionalidades profesionales:

CUADRO SIMBÓLICO DE FUNCIONALIDADES		
Funcionalidad	**En los libros Colex**	**En Iberley.es**
Preguntar sobre el contenido del libro	✓	✓
Solicitar explicaciones jurídicas	✓	✓
ChatBot integrado al contenido del libro	✓	✓
Consultas sobre otras materias	✗	✓
Análisis de documentos externos	✗	✓
Generación de escritos jurídicos	✗	✓
Traducción jurídica	✗	✓
Informes y resúmenes legales automáticos	✗	✓
Contratos, guías prácticas y emails para clientes	✗	✓
Estrategias judiciales y jurisprudencia instantánea	✗	✓

PROCESOS DE FILIACIÓN, PATERNIDAD Y MATERNIDAD

Aspectos prácticos sobre los procesos de filiación, paternidad y maternidad. Incluye análisis sobre la filiación de los nacidos mediante gestación subrogada y por técnicas de reproducción asistida

PROCESOS DE FILIACIÓN, PATERNIDAD Y MATERNIDAD

Aspectos prácticos sobre los procesos de filiación, paternidad y maternidad. Incluye análisis sobre la filiación de los nacidos mediante gestación subrogada y por técnicas de reproducción asistida

3.ª EDICIÓN 2025

Obra realizada por el Departamento de Documentación de Iberley

COLEX 2025

© Editorial Colex, S.L.
Calle Costa Rica, número 5, 3º B (local comercial)
A Coruña, C.P. 15004
info@colex.es
www.colex.es

I.S.B.N.: 979-13-7011-174-8
Depósito legal: C 873-2025

SUMARIO

ANEXO II.
FORMULARIOS

1.
LOS DIFERENTES TIPOS DE FILIACIÓN EN NUESTRO ORDENAMIENTO JURÍDICO

Aspectos generales de la filiación en el Código Civil

De acuerdo con el **artículo 108 del Código Civil**:

> «La filiación puede tener lugar por naturaleza y por adopción. La filiación por naturaleza puede ser matrimonial y no matrimonial. Es matrimonial cuando los progenitores están casados entre sí.
> La filiación matrimonial y la no matrimonial, así como la adoptiva, surten los mismos efectos, conforme a las disposiciones de este Código».

Por tanto, la filiación matrimonial y la no matrimonial forman parte de la llamada **filiación por naturaleza**. El carácter de **filiación matrimonial** viene determinado porque los cónyuges están casados entre sí (arts. 115 a 119 del Código Civil), y en **la filiación no matrimonial** no existe vínculo entre ellos dos (arts. 120 a 126 del Código Civil). Junto a la filiación por naturaleza, se reconoce también la **filiación por adopción**, sin que haya distinción de efectos entre una u otra.

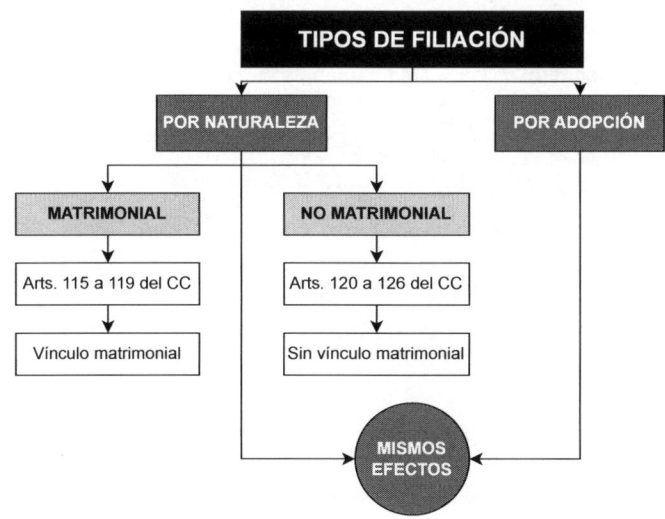

‖ ¿Desde cuándo producirá efectos la filiación?

En cuanto a los efectos de la filiación, **se originarán desde que tenga lugar su reconocimiento**. Su determinación tendrá efectos retroactivos, pero siempre que dicha retroactividad sea compatible con la naturaleza de aquellos y la ley no dispusiera otra cosa. En todo caso, conservarán su validez los actos otorgados en nombre del hijo menor por su representante legal o, en el caso de los mayores con discapacidad que tuvieran previstas medidas de apoyo, los realizados conformes a estas, antes de que la filiación hubiera sido determinada (art. 112 del Código Civil).

‖ ¿De qué modo se acredita la filiación?

La filiación se acredita (**art. 113 del Código Civil**) a través de las siguientes vías:

1. Por la inscripción en el Registro Civil.
2. Documento o sentencia que determina legalmente la filiación.
3. Presunción de paternidad matrimonial.
4. Por posesión de estado (en caso de que falte alguno de los anteriores).

No será eficaz la determinación de una filiación en tanto resulte acreditada otra contradictoria.

CUESTIÓN

¿Será válido el reconocimiento de la filiación hecha en testamento?

Para responder a esta cuestión, cabe mencionar la sentencia del Tribunal Supremo n.º 669/2006, de 22 de junio, ECLI:ES:TS:2006:3616: «En el testamento, hay una disposición no patrimonial, que pertenece al llamado contenido atípico del mismo: es el reconocimiento de la mencionada Ariadna como hija extramatrimonial; esta disposición no se anula por la preterición, pero es ineficaz por incurrir directamente en el supuesto que prevé el artículo 113, párrafo segundo, del Código civil al disponer que no será eficaz la desestimación de una filiación en tanto resulte acreditada otra contradictoria; no cabe reconocer a una persona que tiene legalmente un status filii incompatible con el reconocimiento que se pretende hacer; el reconocimiento sólo es posible si previamente se impugna la filiación contradictoria y se deja judicialmente sin efecto. La niña —ahora mayor de edad— es hija matrimonial y así consta en el Registro Civil, sin que judicialmente se haya dejado sin efecto tal filiación: por ello, el reconocimiento es ineficaz».

Asimismo, de acuerdo con el **artículo 114 del Código Civil, los asientos de filiación podrán ser rectificados conforme a la Ley del Registro Civil**, sin perjuicio de lo especialmente dispuesto en la LEC sobre acciones de impugnación.

Podrán también rectificarse, en cualquier momento, los asientos que resulten contradictorios con los hechos que una sentencia penal declare probados.

2.
LA FILIACIÓN MATRIMONIAL

¿Cuándo nos encontraremos ante una filiación matrimonial?

De acuerdo con el contenido previsto en el artículo 115 del Código Civil, la filiación matrimonial materna y paterna quedará determinada legalmente por la inscripción del nacimiento junto con la del matrimonio de los padres o por sentencia firme.

Respecto a la determinación de la filiación, hemos de comenzar poniendo de manifiesto que, **en lo que a la filiación materna se refiere,** esta no suele ofrecer en la práctica demasiadas dudas, máxime habida cuenta de la obligación impuesta en el artículo 46 de la Ley 20/2011, de 21 de julio, del Registro Civil. En virtud de dicha obligación, la dirección de los hospitales, clínicas y establecimientos sanitarios tienen el deber de comunicar al Registro Civil que corresponda, en el plazo de 72 horas, todos los nacimientos que hayan tenido lugar en los mismos, efectuando a tal efecto y en lo que aquí nos interesa, todas aquellas **comprobaciones que establezcan de forma indubitada la relación de filiación materna.**

Así pues, y en concordancia con lo expuesto, podemos dejar sentado que, tal y como indica el artículo 44.3 de la Ley 20/2011, de 21 de julio, del Registro Civil, la **filiación se acreditará mediante la inscripción del nacimiento,** que será practicada en virtud de declaración formulada en documento oficial debidamente firmado por el o por los declarantes, acompañada del parte facultativo al que hemos hecho referencia en el párrafo inmediatamente anterior.

Sentado lo anterior, y de conformidad con las previsiones contenidas en nuestro ordenamiento jurídico (artículos 115 a 119 del Código Civil, en concordancia con lo determinado en el apartado 4 del artículo 44 de la Ley del Registro Civil), resulta que, **existiendo o habiendo existido vínculo matrimonial de la madre del inscrito, nos encontraremos ante una filiación matrimonial cuando estemos ante alguno de los siguientes supuestos:**

a) Cuando constatada la existencia de que la madre gestante del inscrito se encuentre o se haya encontrado unida por vínculo matrimonial, el nacimiento del mismo hubiera tenido lugar **después de la celebración** del matrimonio y **antes de los trescientos días siguientes** a su disolución o a la separación legal o de hecho de los cónyuges (artículo 116 del Código Civil). Nos encontramos así ante una **presunción de la paternidad matrimonial** con valor de presunción legal *iuris tantum.* Tras la reforma del art. 44 llevada a cabo por la Ley 4/2023, de 28 de febrero, para la igualdad real y efectiva de las personas trans y para la garantía de los derechos de las personas LGTBI, en vigor desde 2 de marzo de 2023, también se recoge en el art. 44.4.a) el supuesto en que la madre estuviera casada con otra mujer.

CUESTIÓN

¿Puede destruirse la referida presunción de filiación matrimonial?

Sí, habida cuenta de que nos encontramos ante una presunción de filiación matrimonial cuyo valor legal es la de una presunción *iuris tantum* —artículo 93 de la Ley del Registro Civil—, en aquellos supuestos en los que el/la hijo/a hubiera nacido dentro de los ciento ochenta días siguientes a la celebración del matrimonio podrá destruirse la presunción mediante declaración auténtica en contrario. En tal caso, se cancelará por expediente gubernativo la inscripción efectuada en virtud de la antedicha presunción, siempre que la declaración hubiese sido formalizada dentro de los seis meses siguientes al conocimiento del parto (artículo 117 del Código Civil, en relación con el contenido del artículo 184 del Decreto de 14 de noviembre de 1958 por el que se aprueba el Reglamento de la Ley del Registro Civil). Si bien, cabe advertir que, de acuerdo con el meritado artículo 117 del Código Civil, quedarán exceptuados de esta posibilidad de destrucción de la presunción los siguientes casos:

- Aquellos en los que el marido hubiere reconocido la paternidad expresa o tácitamente como pueden ser, por ejemplo, la declaración de reconocimiento en documento o el reconocimiento ante testigos, etcétera.

- Aquellos en los que el marido hubiere conocido el embarazo de la mujer con anterioridad a la celebración del matrimonio, salvo que la declaración auténtica se hubiera formalizado con el consentimiento de ambos, antes del matrimonio o después del mismo, dentro de los seis meses siguientes al nacimiento del hijo.

A TENER EN CUENTA. Fuera de los casos anteriores, la paternidad matrimonial, establecida en virtud de la presunción contenida en el artículo 116 del Código Civil, solo podrá desvirtuarse a través del ejercicio de la acción de impugnación de la filiación.

---

b) Cuando nos encontremos ante un **reconocimiento de complacencia**; esto es, en caso de que concurra el consentimiento de ambos cónyuges — aun en aquellos supuestos que existiera separación legal o, de hecho— (art. 118 del Código Civil en relación con el apartado 4.b del artículo 44 de la Ley del Registro Civil).

CUESTIÓN

¿Qué ocurrirá en aquellos supuestos en los que, encontrándonos ante un reconocimiento de complacencia (declaración de la filiación de los progenitores en el correspondiente formulario oficial), se constatase que la madre tiene vínculo matrimonial con persona distinta de la que figura en la declaración?

En estos supuestos, no tendrá lugar la inscripción de la filiación del padre o de la madre no gestante en virtud de la presunción matrimonial a la que hemos hecho referencia en el apartado a) anterior, pero tampoco se procederá a la inscripción de la filiación extramatrimonial que, en ausencia de constatación de vínculo matrimonial de la madre, hubiera dado lugar la declaración de la filiación, sino que, ante tales circunstancias, únicamente se practicará la inscripción de nacimiento con la filiación materna y se procederá a la apertura de un expediente registral para la determinación de la filiación paterna.

c) Por celebración posterior de matrimonio. Cuando el progenitor o progenitores del inscrito contraiga/n matrimonio de forma posterior al nacimiento del mismo, **el estado de los hijos habidos antes cambia de régimen (pasando a ser reconocida como una filiación matrimonial),** siempre que la referida filiación hubiera quedado determinada legalmente conforme a lo dispuesto en los artículos 120 a 126 del Código Civil:

Artículo 119 del Código Civil

«La filiación adquiere el carácter de matrimonial desde la fecha del matrimonio de los progenitores cuando éste tenga lugar con posterioridad al nacimiento del hijo siempre que el hecho de la filiación quede determinado legalmente conforme a lo dispuesto en la sección siguiente.

Lo establecido en el párrafo anterior aprovechará, en su caso, a los descendientes del hijo fallecido».

d) Por sentencia firme, en virtud de estimación de la acción de reclamación de filiación matrimonial ejercitada:

- Acción de reclamación de la filiación —matrimonial en estos casos— con posesión de estado (art. 131 del CC).
- Acción de reclamación de la filiación matrimonial sin posesión de estado (art. 132 del CC).

3. LA FILIACIÓN EXTRAMATRIMONIAL

¿De qué modos se podrá determinar la filiación no matrimonial?

Cuando los progenitores no hayan contraído matrimonio y no exista un **vínculo matrimonial entre ambos**, la filiación no se podrá determinar por presunciones ni por suposiciones, sino que la determinación de la filiación no matrimonial debe basarse en el **hecho del reconocimiento,** bien a través de autorización o de aprobación judicial.

En el **artículo 120 del Código Civil** se precisa que la filiación no matrimonial quedará determinada legalmente:

1. En el momento de la inscripción del nacimiento, **por la declaración conforme realizada por el padre o progenitor no gestante en el correspondiente formulario oficial** a que se refiere la legislación del Registro Civil.

2. Por **reconocimiento ante el encargado del Registro Civil,** en testamento o en otro documento público.

3. Por **resolución recaída en expediente tramitado con arreglo a la legislación del Registro Civil.**

4. Por **sentencia firme.**

5. **Respecto de la madre o progenitor gestante,** cuando se haga constar la filiación materna en la inscripción de nacimiento practicada dentro de plazo, de acuerdo con lo dispuesto en la Ley del Registro Civil.

Con respecto al reconocimiento, este es un acto **voluntario, explícito, concreto e individualizado y debe otorgarse de forma expresa,** puesto que no existe un deber jurídico de reconocimiento. Asimismo, el mismo puede tener lugar de forma conjunta por parte de los dos progenitores juntos o bien separadamente y solo por parte de uno de ellos. En este sentido, el **artículo 122 del Código Civil** dispone que cuando un progenitor hiciere reconocimiento separadamente, no podrá manifestar en él la identidad del otro a no ser que esté ya determinada legalmente.

El reconocimiento debe ser:

- **Personalísimo:** realizado por los progenitores por sí mismos.

- **Solemne:** ha de ser expresado de una forma determinada, sin la cual no existiría el acto de reconocimiento.

- **Puro:** no se admite condición, término o modo.

- **Constitutivo:** crea un estado civil con efectos retroactivos al tiempo del nacimiento.

- **Unilateral:** debe hacerse por cada uno de los progenitores personalmente. Aunque se realice un reconocimiento conjunto, cada progenitor efectuará su propio reconocimiento.

- **Irrevocable:** se reconoce un estado civil que no puede ser revocado.

CUESTIÓN

¿Qué ocurrirá en el caso de que se pretenda reconocer a un/a hijo/a que ya tenga reconocida una filiación matrimonial?

En este caso, no cabrá reconocimiento de una persona que ya tenga reconocida una filiación matrimonial, o incluso aunque no sea un hijo matrimonial y ya tenga la filiación reconocida por otros padres. Ello se debe a que, de acuerdo con el ya mencionado **artículo 113 del Código Civil**, «No será eficaz la determinación de una filiación en tanto resulte acreditada con otra contradictoria».

En este sentido, cabe destacar la ya **mencionada sentencia del Tribunal Supremo n.º 669/2006, de 22 de junio, ECLI:ES:TS:2006:3616**, que establece lo siguiente: «En el testamento, hay una disposición no patrimonial, que pertenece al llamado contenido atípico del mismo: es el reconocimiento de la mencionada Ariadna como hija extramatrimonial; esta disposición no se anula por la preterición, pero es ineficaz por incurrir directamente en el supuesto que prevé el artículo 113, párrafo segundo, del Código civil al disponer que no será eficaz la desestimación de una filiación en tanto resulte acreditada otra contradictoria; no cabe reconocer a una persona que tiene legalmente un status filii incompatible con el reconocimiento que se pretende hacer; el reconocimiento sólo es posible si previamente se impugna la filiación contradictoria y se deja judicialmente sin efecto. La niña —ahora mayor de edad— es hija matrimonial y así consta en el Registro Civil, sin que judicialmente se haya dejado sin efecto tal filiación: por ello, el reconocimiento es ineficaz».

Para la validez del **reconocimiento otorgado por personas mayores de edad respecto de las que hayan establecido medidas de apoyo,** se estará a lo que resulte de la resolución judicial o escritura pública que las haya establecido. Si nada se hubiese dispuesto y no hubiera medidas voluntarias de apoyo, se instruirá la correspondiente revisión de las medidas de apoyo judicialmente adoptadas para completarlas a este fin (**artículo 121 del Código Civil**).

En cuanto a la eficacia del reconocimiento de la persona menor de edad, de acuerdo con el **artículo 124 del Código Civil,** se requerirá el consentimiento expreso de su representante legal o la aprobación judicial con audiencia del Ministerio Fiscal y del progenitor legalmente conocido.

Sin embargo, el precitado artículo hace la precisión de que **no será necesario el consentimiento o la aprobación si el reconocimiento se hubiere efectuado en testamento o dentro del plazo establecido para practicar la inscripción del nacimiento.** La inscripción de la filiación del padre o progenitor no gestante así practicada podrá suspenderse a simple petición de la madre o progenitor gestante durante el año siguiente al nacimiento. Si el padre o progenitor no gestante solicitara la confirmación de la inscripción, será necesaria la aprobación judicial con audiencia del Ministerio Fiscal.

|| ¿Es válido el reconocimiento de complacencia?

En primer lugar, hemos de señalar que el reconocimiento de complacencia es aquel **reconocimiento voluntario consciente y no viciado**, ya que quien reconoce la filiación en estos casos lo hace a sabiendas de que **no es el progenitor biológico**.

En cuanto a si este tipo de reconocimiento es válido o, por el contrario, es nulo, cabe mencionar la **sentencia del Tribunal Supremo n.º 669/2004, de 12 de julio, ECLI:ES:TS:2004:5032**, que entiende que **sería una irregularidad mantener un reconocimiento de filiación en contra de lo sabido por los interesados**, por lo que **ha de prevalecer la verdad real sobre cualquier otra consideración en beneficio del propio hijo**. Finaliza la referida sentencia disponiendo que, de no admitirse el recurso de impugnación de filiación, quedaría vetado a la menor la posibilidad de investigar la paternidad real respecto de su propio padre biológico y verse vinculada a los efectos derivados de la patria potestad por quien no es su progenitor real.

En conclusión, siguiendo la tesis anterior, **el principio de veracidad biológica exigiría la nulidad de los reconocimientos de complacencia.**

Sin embargo, dos días después de dictarse la precitada sentencia, el Tribunal Supremo, a través de su **sentencia n.º 793/2004, de 14 de julio, ECLI:ES:TS:2004:5174**, rechaza la tesis de la nulidad de los reconocimientos contrarios a la verdad biológica y, a partir de aquí, la tesis de nulidad de los reconocimientos por complacencia nunca más ha sido acogida por nuestro Alto Tribunal.

Sobre este particular, es muy ilustrativa la **sentencia del Tribunal Supremo n.º 494/2016, de 15 de julio, ECLI:ES:TS:2016:3192**, que hace una clara **distinción entre el reconocimiento de complacencia y el reconocimiento «por conveniencia»**, disponiendo que lo que caracteriza a los reconocimientos de complacencia es que el autor del reconocimiento, sabiendo o teniendo la convicción de que no es el padre biológico del reconocido, declara su voluntad de reconocerlo con el propósito práctico de tenerlo como hijo biológico suyo, con la finalidad jurídica de constituir entre ambos una relación jurídica de filiación paterna como la que es propia de la paternidad por naturaleza. Eso diferencia radicalmente los reconocimientos de complacencia de los denominados reconocimientos «de conveniencia» ya que estos tienen como finalidad crear una mera apariencia de que existe dicha relación de filiación, en orden de conseguir la consecuencia jurídica favorable de una norma, por ejemplo, sobre nacionalidad, permisos de residencia, beneficios sociales, etcétera, cuyo supuesto de hecho la requiere.

Por último, cabe señalar que la precitada sentencia fija la siguiente doctrina:

> **«El reconocimiento de la complacencia de la paternidad no es nulo por ser de complacencia**. No cabe negar, por esa razón, la inscripción en el Registro Civil de tal reconocimiento de complacencia, aunque el encar-

gado del Registro Civil disponga en las actuaciones de datos significativos y concluyentes de los que se deduzca que el reconocimiento no se ajusta a la realidad biológica».

CUESTIÓN

¿Es viable la acción de impugnación de filiación pese a que la filiación extramatrimonial haya sido determinada por un reconocimiento por complacencia?

Sí, pese a que la filiación extramatrimonial haya sido determinada por un reconocimiento voluntario y consciente, no viciado, llamado de complacencia. Por la doctrina se ha venido admitiendo la acción de impugnación de la filiación extramatrimonial en estos casos, derivada del artículo 140 del Código Civil.

En este sentido, la sentencia del Tribunal Supremo n.º 318/2011, de 4 de julio, ECLI:ES:TS:2011:5546, dispone que «la acción de impugnación de la filiación extramatrimonial, determinada por un reconocimiento de complacencia, puede ejercitarse por quien efectuado dicho reconocimiento, al amparo del artículo 140 del Código Civil, dentro de los cuatro años siguientes a la fecha del reconocimiento».

‖ ¿Se puede determinar la filiación por posesión de estado?

La respuesta es afirmativa, de acuerdo con el **artículo 131 del Código Civil**:

«Cualquier persona con interés legítimo tiene acción para que se declare la filiación manifestada por la constante posesión de estado.

Se exceptúa el supuesto en que la filiación que se reclame contradiga otra legalmente determinada».

El artículo 767, apartado 3, de la Ley de Enjuiciamiento Civil dispone lo siguiente:

«3. **Aunque no haya prueba directa**, podrá declararse la filiación que resulte del reconocimiento expreso o tácito, **de la posesión de estado, de la convivencia con la madre en la época de la concepción, o de otros hechos de los que se infiera la filiación, de modo análogo**».

Asimismo, la jurisprudencia ha ido estableciendo los requisitos necesarios para determinar la filiación por posesión de estado, que son los siguientes:

1. *Nomen*: el hijo o hija usa los apellidos del progenitor.

2. *Tractatus*: actos del progenitor (a los que pueden sumarse los de la familia) que den credibilidad a la situación posesoria, actos de atención, asistencia al hijo/a, actos que comporten el cumplimiento de la función propia de un progenitor.

3. **Fama**: notoriedad y reflejo de la naturaleza del fenómeno posesorio.

Si bien, no es necesario que concurran todos ellos para que se determine la filiación por posesión de estado, tal y como señala la **sentencia del Tribunal Supremo n.º 267/2018, de 9 de mayo, ECLI:ES:TS:2018:1617**, cuyo tenor literal versa como sigue:

«Hay que admitir que **resulta posible la acreditación de la posesión de estado aún en ausencia de alguno de sus tres elementos clásicos**. En particular, puesto que se trata de reclamar una filiación extramatrimonial no determinada, no sería exigible el nomen en el sentido estricto de que el supuesto hijo usara los apellidos del progenitor, pero **sí resulta absolutamente imprescindible el tractatus**. [...] E igualmente **es necesario que concurra la fama** [...]».

|| Inscripción de la filiación no matrimonial en el Registro Civil

El artículo 44 de la Ley 20/2011, de 21 de julio, del Registro Civil, en su apartado 4.b), señala que **la filiación del padre o de la madre no gestante en el momento de la inscripción del hijo/a se hará constar cuando el padre o la madre no gestante manifieste su conformidad a la determinación de tal filiación**, siempre que la misma no resulte contraria a las presunciones establecidas en la legislación civil y no existiere controversia.

CUESTIÓN

¿Se podrá instar el reconocimiento de la filiación no matrimonial con posterioridad a la inscripción del nacimiento?

Sí, el artículo 44 de la Ley 20/2011, de 21 de julio, del Registro Civil, en su apartado 6, dispone que el reconocimiento de la filiación no matrimonial con posterioridad a la inscripción de nacimiento podrá hacerse en cualquier tiempo con arreglo a las formas establecidas en la legislación civil aplicable. Si se realizare mediante declaración del padre o madre no gestante ante el encargado del Registro Civil, se requerirá el consentimiento expreso de la madre o persona trans gestante y del representante legal si fuera menor de edad o de la persona a la que se reconoce si fuera mayor. Si se tratare de personas con discapacidad respecto de las cuales se hubiesen establecido medidas de apoyo, se estará a lo que resulte de la resolución judicial que las haya establecido o del documento notarial en el que se hayan previsto o acordado. Para que sea posible la inscripción deberán concurrir, además, los requisitos para la validez o eficacia del reconocimiento exigidos por la legislación civil.

4.
FILIACIÓN DE LOS NACIDOS MEDIANTE GESTACIÓN SUBROGADA O POR SUSTITUCIÓN

La gestación subrogada. Concepto y tipos

Podemos conceptualizar la gestación subrogada, también denominada gestación por sustitución o, más comúnmente conocida como «vientres de alquiler», como aquel proceso en el que los padres intencionales y la futura gestante formalizan, mediante contrato, con o sin precio —dependerá de la regulación de cada país—, un acuerdo alcanzado en virtud del cual esta última (gestante) se **compromete a la gestación del futuro hijo,** asumiendo, asimismo, la **renuncia a la filiación materna del mismo.**

CUESTIÓN

En el proceso de gestación subrogada, ¿cede la gestante sus óvulos?

Depende del tipo de gestación subrogada ante el que nos encontremos.

A estos efectos, debemos distinguir entre dos tipos. En primer lugar, la denominada **gestación subrogada tradicional** (gestación subrogada parcial), en la que la gestante, además de asumir el compromiso de gestar el embrión, aporta, para su creación, su **propia carga genética.**

Por otro lado, está la **gestación subrogada completa** (gestación subrogada total o gestacional), en la que **no es la gestante la que cede sus óvulos,** sino que la creación del embrión que esta se compromete a gestar proviene de **gametos de padres intencionales o de terceros.**

A TENER EN CUENTA. En la mayoría de los países en los que legalmente se permite llevar a cabo la gestación subrogada, únicamente se encuentra legalizada la gestación subrogada completa.

¿Es legal la gestación por sustitución?

La gestación por sustitución o gestación subrogada ha supuesto un importante debate ético, social y político. Motivo por el que, hasta la fecha, nos encontramos ante una **ausencia de consenso internacional respecto a la legalidad de este proceso.**

Así, encontramos países en los que este tipo de práctica está totalmente prohibida, países en los que se encuentra permitida —en cada uno de ellos con más o menos límites y requisitos para su realización—, pasando por otros países en los que existe un vacío legal al respecto. **¿Qué postura ha adoptado España?**

En nuestro país, y en la regulación actual, el artículo 10 de la Ley 14/2006, de 26 de mayo, sobre técnicas de reproducción humana asistida. establece que:

> «1. Será **nulo de pleno derecho** el **contrato por el que se convenga la gestación, con o sin precio,** a cargo de una mujer que renuncia a la filiación materna a favor del contratante o de un tercero.
> 2. La **filiación de los hijos nacidos por gestación de sustitución será determinada por el parto.**
> 3. Queda a salvo la posible acción de **reclamación de la paternidad respecto del padre biológico,** conforme a las reglas generales».

Por tanto, el procedimiento de gestación subrogada en nuestro país **está prohibido, y se sanciona con la nulidad en nuestro ordenamiento jurídico.** Además, tal y como pone de manifiesto la **sentencia del Tribunal Supremo n.º 835/2013, de 6 de febrero de 2014, ECLI:ES:TS:2014:247:** «es importante tomar en consideración que la ley **no se limita a proclamar la nulidad de pleno derecho del contrato de gestación por sustitución, sino que también** prevé cuál debe ser el régimen de la filiación del niño que sea dado a luz como consecuencia de dicho contrato: **la filiación materna quedará determinada por el parto** y se prevé la **posibilidad de ejercicio de la acción de reclamación de paternidad respecto del padre biológico».**

En consecuencia, la **ausencia de una respuesta jurídica uniforme a esta práctica** ha supuesto que numerosos ciudadanos de países que, en su concepción social o moral sobre el tema, han impuesto una prohibición explícita o han llevado a cabo una regulación restrictiva de la misma (tal y como ocurre en España), hayan acudido a otros países que autorizan la gestación subrogada.

Así, lo que hemos de analizar es qué pasará en aquellos supuestos en los que, habiendo nacido el/la menor en un país extranjero mediante gestación por sustitución, los progenitores que, durante el proceso han asumido la posición de «padres intencionales», pretendan llevar a cabo su filiación en nuestro país. ¿Será esto posible? **Sí, es posible proceder, por ciudadanos españoles, a la inscripción de la filiación de los menores nacidos por gestación subrogada.** Si bien, dicha inscripción —que habrá de ser solicitada ante el **registro civil consular del lugar en que se haya producido el nacimiento del/la menor**— pasará por el inexcusable cumplimiento de una serie de **requisitos.**

CUESTIÓN

¿Dónde encontraremos las directrices a las que habremos de atender para que se lleve a cabo dicha inscripción?

A los efectos de llevar a cabo la inscripción del/la menor nacido/a mediante gestación por sustitución, habremos de estar a lo establecido en la **Instrucción de 5 de octubre de 2010**, de la Dirección General de los Registros y del Notariado, sobre régimen registral de la filiación de los nacidos mediante gestación por sustitución, y ello por remisión expresa de la **Instrucción de 21 de febrero de 2019**, de la Dirección General de los Registros y del Notariado, sobre actualización de régimen registral de la filiación de los nacidos mediante gestación por sustitución, en la que se deja sin efecto la Instrucción de 14 de febrero de 2019. Y, desde el 1 de mayo de 2025 en la **Instrucción de 28 de abril de 2025**, de la Dirección General de Seguridad Jurídica y Fe Pública, sobre actualización del régimen registral de la filiación de los nacimientos mediante gestación por sustitución.

Llegados a este punto, y antes de hacer mención de los requisitos para proceder a la inscripción en el Registro Civil de un menor nacido por medio de la gestación subrogada, debemos destacar la **postura de nuestro Alto Tribunal respecto a la «gestación por sustitución comercial»**, dada tanto en la mencionada STS n.º 835/2013 como en la reciente **STS, n.º 277/2022, de 31 de marzo, ECLI:ES:TS:2022:1153**. En ambas se considera que los contratos de gestación por sustitución «vulneran los derechos fundamentales, tanto de la mujer gestante como del niño gestado, y son por tanto manifiestamente contrarios a nuestro orden público. (...) Es que, como concluye el Informe del Comité de Bioética de España de 2017, **el deseo de una persona de tener un hijo, por muy noble que sea, no puede realizarse a costa de los derechos de otras personas**. Un contrato de gestación por sustitución como el que es objeto de este recurso entraña una explotación de la mujer y un daño a los intereses superiores del menor y, por tanto, no puede aceptarse por principio».

Para el Tribunal Supremo este tipo de contrato (como el caso enjuiciado en la STS n.º 277/2022) entraña un **daño al interés superior del menor y una explotación de la mujer que son inaceptables:**

«Tanto la **madre gestante como el niño a gestar son tratados como meros objetos,** no como personas dotadas de la dignidad propia de su condición de seres humanos y de los derechos fundamentales inherentes a esa dignidad. La madre gestante se obliga desde el principio a entregar al niño que va a gestar y renuncia antes del parto, incluso antes de la concepción, a cualquier derecho derivado de su maternidad. Se obliga a someterse a tratamientos médicos que ponen en riesgo su salud y que entrañan riesgos adicionales a las gestaciones resultantes de una relación sexual ("tantas transferencias embrionarias como sean necesarias", "llevar a cabo hasta las transferencias de 3 (tres) embriones por cada ciclo de reproducción asistida", "tomar medicamentos para el ciclo de transferencia de embriones por vía oral, por inyección o intravaginal en horarios específicos durante periodos prolongados de tiempo"). La madre gestante renuncia a su derecho a la intimidad y confidencialidad médica ("la gestante sustituta, mediante la firma del presente contrato, renuncia a todos los derechos de confidencialidad médica y psicológica, permitiendo a los especialistas que la evaluarán, compartir dichos resultados con la futura madre", "la gestante sustituta acepta que la futura madre o un representante que la sociedad mercantil 'México Subrogacy' S. de R.L. de C.V. designe, esté presente en todas las citas médicas relacionadas con el embarazo", "la futura madre puede estar presente en el momento del nacimiento del niño"). Se regulan por contrato cuestiones como la interrupción del embarazo o la reducción embrionaria, cómo será el parto (por cesárea, "salvo que el médico tratante recomiende que sea un parto vaginal"), qué puede comer o beber la gestante, se fijan sus hábitos de vida, se le prohíben las relaciones sexuales, se le restringe la libertad de movimiento y de residencia, de modo más intenso según avanza el embarazo, prohibiéndole salir de la ciudad donde reside o cambiar de domicilio salvo autorización expresa de la futura madre, hasta recluirla en una concreta localidad distinta de la de su residencia en la última fase del embarazo. La madre gestante se obliga "a someterse a pruebas al azar sin aviso previo de detección de drogas, alcohol o tabaco según la petición de la futura madre". Y, finalmente, se atribuye a la comitente la decisión sobre si la madre gestante debe seguir o no con vida en caso de que sufriera alguna enfermedad o lesión potencialmente mortal».

Recalca el Alto Tribunal que no es preciso un gran esfuerzo de imaginación para hacerse una cabal idea de la situación económica y social de vulnerabilidad en la que se encuentra una mujer que acepta someterse a ese **trato inhumano y degradante** que vulnera sus más elementales derechos a la intimidad, a la integridad física y moral, a ser tratada como una persona libre y autónoma dotada de la dignidad propia de todo ser humano. Y, como ocurre en estos casos, aparece en el contrato la agencia intermediadora cuyo negocio lo constituye este tipo de prácticas vulneradoras de los derechos fundamentales.

En definitiva (señala el TS), **se imponen a la gestante unas limitaciones de su autonomía personal y de su integridad física y moral incompatibles con la dignidad humana.** Por otra parte, **el futuro niño**, al que se priva del derecho a conocer sus orígenes, es tratado como un objeto de cambio, **se «cosifica».**

Por ello, el Tribunal Supremo hace hincapié en la **vía de la adopción como «solución» que satisfaga el interés superior del menor.** «La satisfacción del interés superior del menor en este caso conduce a que el reconocimiento de la relación de filiación a la madre comitente deba obtenerse por la vía de la adopción»:

> «10.- Cuando quien solicita el reconocimiento de la relación de filiación es la madre comitente, la vía por la que debe obtenerse la determinación de la filiación es la de la adopción. El Dictamen del Tribunal Europeo de Derechos Humanos de 10 de abril de 2019 acepta como uno de los mecanismos para satisfacer el interés superior del menor en estos casos «la adopción por parte de la madre comitente [...] en la medida en que el procedimiento establecido por la legislación nacional garantice que puedan aplicarse con prontitud y eficacia, de conformidad con el interés superior del niño».
>
> 11.- El "estudio de circunstancias socio-familiares" o "las valoraciones sobre la idoneidad para la cobertura de las necesidades de todo orden del menor" (en definitiva, la idoneidad del adoptante o de los adoptantes para

asumir la condición de progenitor respecto del menor adoptado) no deben ser consideradas como un obstáculo para la satisfacción del interés superior del menor objeto de la adopción, sino como actuaciones encaminadas a su satisfacción.

12.- En el presente caso, las pruebas ya aportadas y valoradas en este procedimiento pueden contribuir a cumplir el requisito de prontitud en la acreditación de dicha idoneidad (material, afectiva, etc.), junto con la aplicación, en su caso, de la previsión contenida en el art. 176.2.3.º del Código Civil.

13.- La cuestión de la diferencia de edad entre el menor y la madre comitente no se revela como un obstáculo excesivo, habida cuenta de que la diferencia máxima de 45 años entre adoptante y adoptado prevista en la normativa reguladora de la adopción no tiene un carácter absoluto (art. 176.2.3.º en relación al 237, ambos del Código Civil), tanto más cuando los hechos fijados por la Audiencia Provincial revelan la integración del menor en el núcleo familiar y los cuidados de que es objeto desde hace varios años.

14.- Esta solución satisface el interés superior del menor, valorado in concreto, como exige el citado Dictamen del Tribunal Europeo de Derechos Humanos, pero a la vez intenta salvaguardar los derechos fundamentales que el citado tribunal también ha considerado dignos de protección, como son los derechos de las madres gestantes y de los niños en general (sentencias de 24 de enero de 2017, Gran Sala, caso Paradiso y Campanelli, apartados 197, 202 y 203, y de 18 de mayo de 2021, caso Valdís Fjölnisdóttir y otros contra Islandia, apartado 65), que resultarían gravemente lesionados si se potenciara la práctica de la gestación subrogada comercial porque se facilitara la actuación de las agencias de intermediación en la gestación por sustitución, en caso de que estas pudieran asegurar a sus potenciales clientes el reconocimiento casi automático en España de la filiación resultante del contrato de gestación subrogada, pese a la vulneración de los derechos de las madres gestantes y de los propios niños, tratados como simples mercancías y sin siquiera comprobarse la idoneidad de los comitentes para ser reconocidos como titulares de la patria potestad del menor nacido de este tipo de gestaciones».

Análisis de la certificación de la inscripción de la filiación practicada por organismo del país extranjero

Llegados a este punto, debemos poner de relieve otra cuestión de suma importancia, y es que, en la práctica, podemos encontrarnos con situaciones en las que, tal y como ocurre en el concreto supuesto de hechos examinado por la Sala de la Audiencia Provincial de las Islas Baleares en la **sentencia n.º 207/2021, de 27 de abril, ECLI:ES:APIB:2021:660**, dictada por la sala constituida en pleno, se califique el caso examinado de **extrema importancia**. La madre subrogada ya ha sido reconocida como tal, existiendo resolución dictada por organismo del país extranjero —equivalente al Registro Civil—, en virtud de la cual consta como madre en la inscripción de la certificación del nacimiento y filiación del menor nacido mediante por gestión por sustitución, circunstancia que conlleva que, cuando esta ejercita acción de reconocimiento de la filiación ante los tribunales del país extranjero, estos desestiman la demanda en base a dicha inscripción, ya que consideran que **la pretensión ejercitada carece de objeto, al pretenderse la constatación de un hecho con validez jurídica porque ya consta la actora reconocida como madre en virtud de resolución registral dictada en dicho país:**

> «La existencia de la inscripción en la certificación de nacimiento de la niña de la Sra. Hortensia como madre de la misma, efectuada de acuerdo con la legislación rusa, es la razón por la que la sentencia indicada desestima la demanda de la actora, porque su **pretensión estaba dirigida a conseguir la constatación judicial de un hecho con validez jurídica**, en este caso el nacimiento de Rosario el día NUM000 de 2.015, hija de la demandante. Y es que en aplicación de lo dispuesto en los arts. 264.1 y 265 del Código de Enjuiciamiento Civil de la Federación de Rusia y como expresa la misma sentencia, el Tribunal **sólo constata los hechos con validez jurídica en caso de que la parte demandante no pueda obtener por otros medios los documentos pertinentes que constaten tales hechos, y también cuando no hay posibilidad de recuperar la documentación extraviada, supuestos que aquí no concurrían porque, cabe reiterarlo, Doña Hortensia obtuvo el certificado de nacimiento de la niña en el que consta como su madre en la forma prescrita por la Federación de Rusia,** reseñando la sentencia que el origen de la neonata queda constatado en su certificado de nacimiento».

Sin embargo, como hemos visto en el punto anterior, dicha resolución es preceptiva en nuestro país habida cuenta que, conforme la Instrucción de 5 de octubre de 2010, de la Dirección General de los Registros y del Notariado, sobre régimen registral de la filiación de los nacidos mediante gestación por sustitución, la filiación en el Registro Civil es viable solo a través del expediente en el que, junto a la solicitud, **se aporte una resolución judicial del tribunal extranjero competente** que recoja los datos personales de las partes, las circunstancias de que no se quebranta el interés superior del menor y el consentimiento libre y consciente de la gestante, con renuncia por su parte a la filiación. En consecuencia, **¿qué pueden hacer los padres subrogados que se encuentren en estas circunstancias?**

Pues bien, de acuerdo con la postura mantenida por nuestro Alto Tribunal —que ya en la **sentencia del Tribunal Supremo n.º 835/2013, de 6 de febrero de 2014, ECLI:ES:TS:2014:247**, había tenido ocasión de pronunciarse en un supuesto de hechos parecido, en el que el Ministerio Fiscal ejercitaba acción contra la Dirección General de los Registros y del Notariado, solicitando la cancelación de la inscripción de nacimiento y filiación de una menor que, nacida mediante gestación subrogada, había sido llevada a cabo en el Registro Civil español en virtud la certificación de la inscripción en el Registro Civil del país extranjero; equivalente al Registro Civil, en la que se fijaba la filiación a favor de los padres subrogados de una menor nacida mediante esta técnica—, **no puede llevarse a cabo la inscripción de la filiación en el Registro Civil español con base a una resolución registral de país extranjero. Esto es así porque dicha inscripción de la filiación en país extranjero se** hace con base en el contrato de gestación por sustitución y por aplicación de las leyes del referido país, resultando dicha decisión contraria al orden público internacional español, por resultar incompatible con normas que regulen aspectos esenciales de las relaciones familiares, en concreto de la filiación, inspiradas en los valores constitucionales de la dignidad de la persona, respeto a su integridad moral y protección de la infancia:

> «(...) la filiación cuyo acceso al Registro Civil se pretende es justamente la consecuencia directa y principal del contrato de gestación por sustitución. No puede admitirse la disociación entre el contrato y la filiación que sostienen los recurrentes.
>
> Además, es importante tomar en consideración que la ley no se limita a proclamar la nulidad de pleno derecho del contrato de gestación por sustitución. También prevé cuál debe ser el régimen de la filiación del niño que sea dado a luz como consecuencia de dicho contrato: la filiación materna quedará determinada por el parto y se prevé la posibilidad de ejercicio de la acción de reclamación de paternidad respecto del padre biológico.
>
> La filiación cuyo acceso al Registro Civil se pretende es frontalmente contraria a la prevista en el art. 10 de la Ley de Técnicas de Reproducción Humana Asistida y, como tal, incompatible con el orden público, lo que impide el reconocimiento de la decisión registral extranjera en lo que respecta a la filiación que en ella se determina».

En consecuencia, y de no disponerse de la preceptiva resolución del tribunal extranjero, el Tribunal Supremo —si bien es cierto que, como hemos visto, establece la nulidad de pleno derecho del contrato de gestación subrogada— admite que, en cumplimiento del **principio superior del interés del menor**, debe protegerse el núcleo familiar en el que se encuentra integrado, siempre que sea adecuado para el niño y no suponga para él algún peligro, **instando a los padres subrogados a que lo hagan, ante tales circunstancias, a través de los cauces previstos en el ordenamiento jurídico español** como son:

a) La reclamación de la filiación por el padre biológico.

b) La adopción o, en algunos casos, el acogimiento familiar.

En resumen y conclusión, de no disponer de la preceptiva sentencia dictada por tribunal extranjero, la postura de nuestro Tribunal Supremo es que, si bien la protección del menor nacido por medio de la gestación subrogada no puede darse con respaldo en el contrato que dio lugar a dicha técnica, sí se puede conseguir según las previsiones legales y los convenios de aplicación en España con especial atención a la interpretación que ha efectuado el Tribunal Europeo de Derechos Humanos del artículo 8 del Convenio Europeo para la protección de los Derechos Humanos y de las libertades fundamentales ya que, donde queda establecida una relación familiar con un menor, el Estado actuará **tendiendo a permitir que ese vínculo se desarrolle, proporcionando la protección jurídica adecuada que posibilite la integración del menor con su familia.**

Aplica la referida doctrina la **sentencia dictada por la Audiencia Provincial de las Islas Baleares n.º 207/2021, de 27 de abril, ECLI:ES:APIB:2021:660,** a la que hemos aludido al inicio de este punto, determinando en la acción de filiación ejercitada por la madre subrogada la imposibilidad de inscribir en nuestro Registro Civil, así como proceder a la determinación de su filiación, a un niño nacido a través de gestación subrogada que, en ausencia de la preceptiva resolución de tribunal extranjero competente, se base únicamente en resolución registral de órgano extranjero adoptada en virtud de las normas internas del propio país, al confrontar estas con el ordenamiento de nuestro país. Pero, además, va más allá porque la actora no puede acudir a los cauces señalados por el Tribunal Supremo:

a) Reclamación de la filiación por el padre biológico: en el concreto caso de autos examinado, no existe padre biológico de la menor que sea pareja de la actora y que, por tanto, pudiese reclamar la filiación (adoptando así, posteriormente, a la niña la actora del litigio).

b) La adopción o acogimiento familiar: tampoco puede la actora del litigio acudir al expediente de adopción puesto que, tal y como pone de manifiesto la sala, consta acreditado en autos la existencia de una diferencia de edad entre la madre solicitante y la hija que se pretende adoptar de casi 47 años, circunstancia esta que imposibilita acudir a un expediente de adopción al exceder la diferencia de edad máxima entre adoptante y adoptado: «se da una diferencia de edad entre ambas de casi cuarenta y siete años, que excede la diferencia de edad máxima entre adoptante y adoptado establecida imperativamente en el art. 175.1 del Código Civil (cuarenta y cinco años). Y tampoco son viables en este caso las excepciones recogidas en el art. 176.2 del mismo Código, en particular la 3.ª, porque Rosario no se encuentra en situación de guarda con fines de adopción ni está presente la figura de la tutela, resultando incompatible con la realidad de la situación familiar existente, vivida por la niña junto con Doña Hortensia desde el nacimiento de la primera». En consecuencia, dado que no es posible en el concreto caso de autos, examinadas las vías dadas por el Alto Tribunal para establecer la filiación, establecer la misma, y atendiendo al principio de superior interés de la niña, razona la sala conforme sigue:

> «(...) si queremos priorizar la permanencia de la niña en el ámbito de su familia actual, que es la de origen para ella, así como la preservación de su identidad, cultura, etc., —art. 2, c) y d) de la Ley 8/2.015, de 22 de julio— y si no lo podemos hacer a través de las instituciones que señala el Tribunal Supremo, sólo nos queda en este supuesto dar lugar a la inscripción instada, complementada por la concurrencia de la posesión de estado.
>
> De esta forma puede entenderse respetado el art. 10 de la Ley de Técnicas de Reproducción Humana Asistida, que entendemos debe ser completado con la doctrina que establece el Tribunal Supremo en su sentencia de 6 de febrero de 2.014, en el sentido de que sugiere vías alternativas para establecer la filiación de los padres comitentes, aunque aquí son inaplicables (la adopción, el acogimiento familiar y la reclamación por el padre biológico). De manera que el precepto indicado es plenamente aplicable cuando puede hacerse uso de alguna de estas vías pero no en caso contrario, ya que lo primordial es atender a las circunstancias concretas del niño y la protección del ámbito familiar y sus relaciones familiares existentes».

RESOLUCIÓN RELEVANTE

Sentencia de la Audiencia Provincial de Navarra n.º 406/2022, de 7 de junio, ECLI:ES:APNA:2022:592

«El argumento fundado en el interés superior del menor fue rechazado por la sentencia mayoritaria del Pleno del Tribunal Supremo 247/2014, de 6 de febrero, al razonar, entre otras cosas, que aceptar que el interés del menor deba dar lugar al reconocimiento de su filiación respecto a quienes —los llamados «padres intencionales» o «padres comitentes»— concertaron con la gestante el contrato de gestación subrogada «llevaría a concluir que el legislador español, al considerar nulo de pleno derecho el contrato de gestación por sustitución y atribuir la condición de madre a la mujer que da a luz al niño, no reconociendo por tanto la relación de filiación respecto de los padres intencionales o comitentes, ha vulnerado el interés superior del menor» (....). La invocación indiscriminada del «interés del menor» serviría de este modo para hacer tabla rasa de cualquier vulneración de los demás bienes jurídicos tomados en consideración por el ordenamiento jurídico nacional e internacional que se hubiera producido para situar al menor en el ámbito de esas personas acomodadas. (...) La tesis de los recurrentes no puede ser aceptada. La cláusula general de la consideración primordial del interés superior del menor contenido en la legislación no permite al juez alcanzar cualquier resultado en la aplicación de la misma. La concreción de dicho interés del menor no debe hacerse conforme a sus personales puntos de vista, sino tomando en consideración los valores asumidos por la sociedad como propios, contenidos tanto en las reglas legales como en los principios que inspiran la legislación nacional y las convenciones internacionales. La aplicación del principio de la consideración primordial del interés superior del menor ha de hacerse para interpretar y aplicar la ley y colmar sus lagunas, pero no para contrariar lo expresamente previsto en la misma. No hacerlo así podría llevar a la desvinculación del juez respecto del sistema de fuentes, que es contraria al principio de sujeción al imperio de la ley que establece el art. 117.1 de la Constitución. Hay cambios en el ordenamiento jurídico que, de ser procedentes, debe realizar el parlamento como depositario de la soberanía nacional, con un adecuado debate social y legislativo, sin que el juez pueda ni deba suplirlo (...). La protección de este interés no puede fundarse en la existencia de un contrato de gestación por sustitución y en la filiación a favor de los padres intencionales que prevé la legislación de California, sino que habrá de partir, de ser ciertos tales datos, de la ruptura de todo vínculo de los menores con la mujer que les dio a luz, la existencia actual de un núcleo familiar formado por los menores y los recurrentes, y la paternidad biológica de alguno de ellos respecto de tales menores».

Actualización del régimen registral de la filiación de los nacimientos mediante gestación subrogada

Situación a partir de la publicación de la Instrucción de 28 de abril de 2025, de la Dirección General de Seguridad Jurídica y Fe Pública, sobre la actualización del régimen registral de la filiación de los nacimientos mediante gestación por sustitución

El citado artículo 10 de la Ley 14/2006, de 26 de mayo, aunque establece que será nulo de pleno derecho el contrato por el que se convenga la gestación, con o sin precio, a cargo de una mujer que renuncia a la filiación materna a favor del contratante o de un tercero, **sí que contempla la posibilidad de atribuir la paternidad de los nacimientos por gestación por sus-**

titución por los medios ordinarios de determinación legal de la filiación, permitiendo así la inscripción del nacido/a en el Registro Civil a través del ejercicio de la acción de reclamación de la paternidad por parte del padre biológico, y la de la reclamación de la paternidad correspondiente al hijo o hija, procedimiento regulado en los arts. 764 y siguientes de la LEC, siendo la competencia de los tribunales españoles en virtud de los criterios sobre competencia judicial internacional fijados en el art. 22 de la LOPJ.

Algunas personas de nacionalidad española acuden a países en los que la técnica de la gestación subrogada está permitida y, una vez ocurrido el nacimiento, solicitan su inscripción en el Registro Civil tal y como hemos analizado en los apartados anteriores.

Desde la Instrucción de 2010 de la entonces Dirección General de los Registros y del Notariado, se habían establecido criterios para la inscripción de nacimientos por gestación subrogada en el extranjero, buscando proteger el interés superior del menor y evitar el tráfico internacional de menores. Un control exhaustivo requería la presentación de resoluciones judiciales que garantizasen la legalidad del consentimiento de la mujer gestante y la capacidad jurídica de esta. Posteriormente, una nueva Instrucción en 2019 mantuvo tales exigencias. Por su parte, el **Tribunal Supremo a través de su sentencia n.º 1626/2024, de 4 de diciembre, ECLI:ES:TS:2024:5879**, ratifica la denegación del reconocimiento de efectos a una sentencia extranjera en un caso de gestación subrogada. Al respecto declara el tribunal:

> «En nuestras anteriores sentencias sobre gestación subrogada hemos declarado que **es incompatible con nuestro sistema de derechos fundamentales la determinación de la filiación del niño como hijo de los comitentes con base en el contrato de gestación subrogada y en los actos de autoridades extranjeras que reconocían la filiación resultante de tal contrato, pues se vulneraban gravemente los derechos fundamentales tanto del menor como de la madre gestante.** La mercantilización que supone que la filiación de un menor resulte determinada a favor de quien realiza el encargo, por la celebración de un contrato para su gestación, atenta contra la dignidad del menor al convertirlo en objeto del tráfico mercantil. Es necesario por tanto realizar una ponderación de la que resulte la solución que menos perjudique a los menores, empleando para ello los criterios establecidos en el ordenamiento jurídico.
>
> (...)
>
> Como hemos declarado en anteriores sentencias sobre esta materia, la concreción de lo que en cada caso constituye el interés del menor no debe hacerse conforme a los intereses y criterios de los comitentes de la gestación subrogada, sino tomando en consideración los valores asumidos por la sociedad como propios, contenidos tanto en las reglas legales como en los principios que inspiran la legislación nacional y las convenciones internacionales sobre estado civil e infancia.
>
> (...)
>
> Por tanto, **la protección que ha de otorgarse a dichos menores ha de partir de las previsiones de las leyes y convenios aplicables en España, y de la jurisprudencia que los interpreta y aplica,** tomando en considera-

ción su situación actual, estableciendo la relación de filiación mediante la determinación de la filiación biológica paterna, la adopción, o permitiendo la integración de los menores en un núcleo familiar mediante la figura del acogimiento familiar».

Por lo que, atendiendo a la anterior interpretación del TS se publica en el BOE del 1 de mayo de 2025 la **Instrucción de 28 de abril de 2025, de la Dirección General de Seguridad Jurídica y Fe Pública**, que conlleva los siguientes cambios:

Las citadas **instrucciones de 2010 y 2019** sobre el régimen registral de la filiación de nacidos mediante gestación subrogada, **se dejan sin efecto**.

Restricciones en la documentación que puede utilizarse para solicitar la inscripción de nacimientos por gestación subrogada. En concreto, **no se admitirá como título apto** para la inscripción del nacimiento y filiación de nacidos mediante gestación subrogada:

- Ninguna **certificación registral extranjera**.
- Declaración acompañada de **certificación médica**.
- **Sentencias firmes** de autoridades judiciales extranjeras.
- Las **solicitudes pendientes de inscripción de la filiación de menores nacidos mediante gestación subrogada a la fecha de la publicación de la instrucción no se practicarán**.

Los solicitantes podrán obtener **pasaportes y permisos para que los menores viajen a España, donde la filiación se determinará a través de los medios ordinarios previstos en el ordenamiento español**: filiación biológica o adopción posterior.

Por lo tanto, desde la publicación de estas directrices, la Dirección General de Seguridad Jurídica y Fe Pública actualiza sus directrices a la interpretación del Tribunal Supremo, asegurando la adecuación del tratamiento registral en casos de gestación subrogada a nuestro ordenamiento y a las normas internacionales en materia de derechos de los menores y de las mujeres gestantes.

5.
FILIACIÓN DE LOS NACIDOS MEDIANTE TÉCNICAS DE REPRODUCCIÓN ASISTIDA

Regulación sobre técnicas de reproducción humana asistida

La aparición de las técnicas de reproducción asistida, los importantes avances producidos y el aumento de potencial investigador hicieron necesaria una revisión profunda de la legislación existente en esta materia.

|| Objeto de la LTRHA

Así, la **Ley 14/2006, de 26 de mayo, sobre técnicas de reproducción humana asistida (LTRHA)**, en su artículo 1, indica que la citada ley tiene por objeto:

- Regular la aplicación de las técnicas de reproducción humana asistida acreditadas científica y clínicamente indicadas.

- Regular la aplicación de las técnicas de reproducción humana asistida en la prevención y tratamiento de enfermedades de origen genético, siempre que existan las garantías diagnósticas y terapéuticas suficientes y sean debidamente autorizadas.

- La regulación de los supuestos y requisitos de utilización de gametos y preembriones humanos crioconservados.

La importancia del consentimiento en la filiación por técnicas de reproducción asistida

El **artículo 6, en sus apartados 3 y 4, de la Ley 14/2006, de 26 de mayo,** precisa lo siguiente:

«3. Si la mujer estuviera casada, **se precisará**, además, **el consentimiento de su marido**, a menos que estuvieran separados legalmente o de hecho y así conste de manera fehaciente. El consentimiento del cónyuge, prestando antes de la utilización de las técnicas, deberá reunir idénticos requisitos de expresión libre, consciente y formal.

4. La información y el consentimiento a que se refieren los apartados anteriores deberán realizarse en formatos adecuados, siguiendo las reglas marcadas por el principio del diseño para todos, de manera que resulten accesibles y comprensibles a las personas con discapacidad».

Cabe señalar también lo dispuesto en el **artículo 8 de la Ley 14/2006, de 26 de mayo**, bajo la rúbrica **«Determinación legal de la filiación»**:

«1. Ni la mujer progenitora ni el marido, cuando hayan prestado su consentimiento formal, previo y expreso a determinada fecundación con contribución de donante o donantes, podrán impugnar la filiación matrimonial del hijo nacido como consecuencia de tal fecundación.

2. **Se considera escrito indubitado a los efectos previstos en el apartado 8 del artículo 44 de la ley 20/2011, de 21 de julio, del Registro Civil el documento extendido ante el centro o servicio autorizado en el que se refleje el consentimiento a la fecundación con contribución de donante** prestado por varón no casado con anterioridad a la utilización de las técnicas. Queda a salvo la reclamación judicial de paternidad.

3. La revelación de la identidad del donante en los supuestos en que proceda conforme al artículo 5.5 de esta Ley no implica en ningún caso determinación legal de la filiación».

A TENER EN CUENTA. El art. 44 de la Ley 20/2011, de 21 de julio, del Registro Civil, ha sido modificada por la Ley 4/2023, de 28 de febrero, para la igualdad real y efectiva de las personas trans y para la garantía de los derechos de las personas LGTBI, en vigor desde el 2 de marzo de 2023, por lo que el apartado 8 actualmente sería el 7, aunque la referencia hecha al mentado apartado habrá que entenderla realizada al apartado 6.

En este sentido, es interesante la **sentencia de la Audiencia Provincial de Las Palmas n.º 264/2019, de 10 de abril, ECLI:ES:APGC:2019:2643**, que señala que el requisito del consentimiento previo por parte de la pareja no casada debe prestarse ante la clínica que realiza las técnicas de reproducción humana asistida y, con carácter previo, no siendo posible conforme a la regulación actual efectuar este mediante documento privado.

Por lo tanto, y a la vista de lo anterior, la Ley 14/2006, de 26 de mayo (LTRHA), impide impugnar la filiación matrimonial del hijo nacido como consecuencia de la fecundación, con contribución de donante, cuando la mujer progenitora y el marido hayan prestado su consentimiento formal, previo y expreso. En caso de que no exista matrimonio y no se otorgue consentimiento por parte del progenitor conforme al mencionado artículo 8.2 de la LTRHA, sí cabría la impugnación de la filiación.

Si bien, otro de los aspectos que se deben tener en cuenta siempre es el **interés del menor,** pues las discusiones sobre guarda y custodia de los menores deben contemplar siempre el prevalente del interés de los niños. Como se afirma en la doctrina más representativa, «el interés del menor consiste, en términos jurídicos, en salvaguardar los derechos fundamentales de la persona, los derechos de su propia personalidad. En el fondo, no es otra cosa que asegurarle la protección que merece todo ciudadano en el reconocimiento de los derechos fundamentales del individuo como persona singular y como integrante de los grupos sociales en los que se mueve, y en el deber de los poderes públicos de remover todo obstáculo que se oponga al completo y armónico desarrollo de su personalidad». Por tanto, en lo concerniente a tener relaciones con parientes y allegados, hay que tener en cuenta que el niño no puede ver recortada la relación y comunicación con personas que le son próximas humana y afectivamente, a causa de las diferencias entre dichas personas.

Por todo ello, **el interés del menor obliga a los tribunales a decidir que el niño o niña tiene derecho a relacionarse con los miembros de su familia, con independencia de que entre ellos existan o no lazos biológicos (sentencia del Tribunal Supremo n.º 320/2011 de 12 de mayo, ECLI:ES:TS:2011:2676).**

¿Cómo se determina la filiación en casos de premoriencia del marido?

En este sentido, el **artículo 9 de la Ley 14/2006, de 26 de mayo**, señala lo siguiente:

«1. No podrá determinarse legalmente la filiación ni reconocerse efecto o relación jurídica alguna entre el hijo nacido por la aplicación de las técnicas reguladas en esta ley y el marido fallecido cuando el material reproductor de este no se halle en el útero de la mujer en la fecha de la muerte del varón.

2. No obstante lo dispuesto en el apartado anterior, el marido podrá prestar su consentimiento, en el documento a que se hace referencia en el artículo 6.3, en escritura pública, en testamento o documento de instrucciones previas, para que su material reproductor pueda ser utilizado en los 12 meses siguientes a su fallecimiento para fecundar a su mujer. Tal generación producirá los efectos legales que se deriven de la filiación matrimonial. El consentimiento para la aplicación de las técnicas en dichas circunstancias podrá ser revocado en cualquier momento anterior a la realización de aquéllas.

Se presume otorgado el consentimiento a que se refiere el párrafo anterior cuando el cónyuge supérstite hubiera estado sometido a un proceso de reproducción asistida ya iniciado para la transferencia de preembriones constituidos con anterioridad al fallecimiento del marido.

3. El varón no unido por vínculo matrimonial podrá hacer uso de la posibilidad prevista en el apartado anterior; dicho consentimiento servirá como título para iniciar el expediente del apartado 8 del artículo 44 de la Ley 20/2011, de 21 de julio, del Registro Civil, sin perjuicio de la acción judicial de reclamación de paternidad».

CUESTIÓN

¿Podrá una mujer someterse a técnicas de reproducción asistida tras el fallecimiento de su marido?

Sí, pero de acuerdo con el artículo 9 de la Ley 14/2006, de 26 de mayo, será necesario que el marido prestara su consentimiento en escritura pública o testamento,

---

> con expresión de que su material reproductor pueda ser utilizado en los 12 meses siguientes a su fallecimiento para fecundar a su mujer, y se producirán los efectos legales que se derivan de la filiación matrimonial.

¿Cómo se determina la filiación si una pareja formada por dos mujeres acude a técnicas de reproducción asistida?

Cabe traer a colación en este punto la **sentencia del Tribunal Supremo n.° 320/2011, de 12 de mayo, ECLI:ES:TS:2011:2676**, que dispone que «el **sistema familiar actual es plural**, es decir, que desde el punto de vista constitucional, tienen la consideración de familias aquellos grupos o unidades que constituyan un núcleo de convivencia, independiente de la forma que se haya utilizado para formarla y del sexo de sus componentes, siempre que se respeten las reglas constitucionales».

De acuerdo con el **artículo 7.3 de la Ley 14/2006, de 26 de mayo**, se determina lo siguiente:

> «3. Cuando la mujer estuviere casada, y no separada legalmente o de hecho, con otra mujer, esta última, podrá manifestar conforme a lo dispuesto en la Ley del Registro Civil que consiente en que se determine a su favor la filiación respecto al hijo nacido de su cónyuge».

Esta regulación exige que la mujer que consiente que se determine a su favor la filiación tiene que estar casada y no separada legalmente o de hecho con la madre biológica.

En estos casos en concreto, lo habitual es que la técnica de reproducción asistida utilizada sea la de utilizar el material genético de un donante. Por lo tanto, solo una de las mujeres será madre biológica.

Si bien, la mayor problemática surge cuando la filiación se da cuando ambas mujeres no habían contraído matrimonio en el momento en que tuvo lugar el nacimiento del hijo o hija, es decir, cuando se da una filiación extramatrimonial. En estos casos, el antecedente lo encontramos en la **sentencia del Tribunal Supremo n.° 740/2013, de 5 de diciembre, ECLI:ES:TS:2013:5765**, en donde se reconoce la filiación por posesión de estado a la madre que no es la biológica, pues la sala entiende que la posesión de estado se realiza de «de manera ininterrumpida, continuada y por el tiempo suficiente».

A la vista de lo anterior, cabe formular la siguiente pregunta: **¿la madre no biológica tendrá alguna opción para reclamar la filiación?** Sí, por ejemplo, el **Tribunal Supremo, a través de su sentencia n.° 836/2013, de 15 de enero de 2014, ECLI:ES:TS:2014:608**, admitió, a la vista de las circunstancias, que prosperaran acciones judiciales de reclamación de maternidad, **valorando de manera conjunta la existencia de un proyecto reproductivo en común de las dos mujeres, la posesión de estado como madre de la demandante y el interés en juego de los menores** en preservar la relación con una persona a la que tenían como madre.

Si bien, la citada sentencia contiene un **voto particular** de dos magistrados que entienden, en este caso, que no estaría probado el consentimiento de la demandante-recurrente al empleo de las técnicas de reproducción asistida. Asimismo, **en cuanto a la posesión de estado**, el referido voto particular señala que, de acuerdo con la doctrina, la misma no acredita formalmente quiénes sean progenitores de una persona. De este modo, es solo una situación fáctica que permite presumir quienes pueden serlo, por lo que entienden que no cabe invocar la posesión de estado para justificar por sí, al amparo del artículo 131 del Código Civil, una filiación que se determina necesariamente por el consentimiento de la mujer, cumplidos unos determinados requisitos.

En lo que respecta al **interés superior del menor**, el voto particular dispone que:

> «(...) el interés del menor que debe presidir la interpretación de las normas del ordenamiento jurídico que le afectan, no legitima su aplicación en cualquier sentido, sino en aquel en que de veras se evidencia que opera en beneficio de dicho menor, pues lo contrario sería un mero ejercicio de voluntarismo jurídico.
>
> (...).
>
> En verdad no se alcanza a comprender que por el solo hecho de que la demandante-recurrente conviviera con el niño durante sus tres primeros años de vida se la declare madre, dando un paso de enorme trascendencia mucho más allá de la solución correcta del conflicto.
>
> Con la estimación del recurso la demandante pasa a ostentar la patria potestad sobre el niño, adquiere expectativas sucesorias que incluso pueden llegar a materializarse sobre bienes que actualmente pertenecen a la otra litigante, podrá decidir sobre la educación del niño en edades o etapas mucho más decisivas para su formación que la que media entre el nacimiento y los tres primeros años de edad, podrá reclamar su guarda y custodia y, en definitiva, tener capacidad de decisión sobre todas las cuestiones que afecten al menor hasta que este cumpla dieciocho años. A cambio, la madre biológica, la única legal a juicio de los magistrados que formulan este voto particular, verá inevitablemente coartada su libertad en todo lo que se refiera a su hijo y, si forma otra relación de pareja o decide contraer matrimonio, tendrá la permanente interferencia de la demandante, como madre del niño con plenitud de derechos, en la nueva unidad familiar. Se crea así, una situación potencialmente conflictiva en la que no se alcanza a ver ningún beneficio para el menor.
>
> Por tanto, la estimación del recurso no responde, materialmente, al interés superior del menor, aunque así se diga, sino al interés de la demandante-recurrente».

A este respecto, también cabe traer a colación la **sentencia del Tribunal Supremo n.º 320/2011 de 12 de mayo, ECLI:ES:TS:2011:2676**, que dispone, en cuanto al **interés del menor, que el mismo obliga a los tribunales a decidir que el niño/a tiene derecho a relacionarse con los miembros de su familia**, con independencia de que entre ellos existan o no lazos biológicos.

Asimismo, la referida sentencia establece en su fundamento de derecho sexto las bases para establecer el derecho de relacionarse con el/la menor. En primer lugar, enumera las circunstancias probadas de la familia en concreto, que son las siguientes:

1. La falta de filiación biológica con la conviviente que reclama el derecho de visitar o de tener contacto amplio con el hijo biológico de su antigua compañera.

2. Falta también la relación jurídica, porque no se pudo aplicar lo establecido en el artículo 7.3 de la Ley de Técnicas de Reproducción Asistida, ya que las mujeres no habían contraído matrimonio al tiempo de nacer el/la menor.

Entiende la referida sentencia, a la vista de las anteriores circunstancias, que la base de su decisión debe ser no un hipotético derecho de la compañera de la madre biológica, sino un derecho que tiene el menor de relacionarse con aquellas personas con las que le une una relación afectiva y, por ello, debe entenderse aplicable al supuesto que nos ocupa el artículo 160.2 del Código Civil, el cual establece que «no podrán impedirse sin justa causa las relaciones personales del hijo con su abuelos y otros parientes y allegados». Esta norma debe aplicarse a este tipo de relaciones por las siguientes razones, según nuestro Alto Tribunal:

1. El concepto de allegado será el que se ajusta a la relación que la compañera de la madre biológica mantiene con el niño en este caso. De acuerdo con la definición dada por la RAE de allegado, se entiende lo siguiente: «dicho de una persona: cercana o próxima a otra de parentesco, amistad, trato o confianza».

2. En aplicación del artículo 160.2 del Código Civil, el juez está autorizado para tomar cualquiera de las medidas que están enumeradas en el artículo 158 del mismo texto legal, que integra el artículo 162 del CC en cuanto determina el tipo de prevenciones que pueden adoptarse en estos casos.

En cuanto a la extensión del derecho del menor de relacionarse con sus allegados, la sala opina que la expresión «derecho de visitas» debe aplicarse solamente en las relaciones entre los progenitores y sus hijos. Para identificar el derecho del menor en casos como el que aquí estamos analizando, resulta más adecuado utilizar la expresión «relaciones personales», terminología que utiliza el ya mencionado artículo 160.2 del Código Civil, que sería el aplicable.

Si bien, el referido artículo no determina la extensión ni la intensidad de los periodos en los que el/la menor puede relacionarse con sus allegados. Por tanto, se trata de una cuestión que debe ser decidida por el juez, quien deberá tener en cuenta las siguientes cuestiones:

1. La situación personal del menor y de la persona con la que desea relacionarse.

2. Las conclusiones a las que se haya llegado en los diferentes informes psicológicos que se hayan pedido.

3. La intensidad de las relaciones anteriores.

4. La no invasión de las relaciones del menor con el titular de la patria potestad y ejercitante de la guarda y custodia.

5. En general, todas aquellas que sean convenientes para el menor.

Otra posibilidad será la de la adopción.

En otro sentido, la reciente **sentencia del Tribunal Supremo n.º 45/2022, de 27 de enero, ECLI:ES:TS:2022:243, rechaza la reclamación de maternidad extramatrimonial presentada por la expareja de la madre biológica de un niño** que nació tras un procedimiento de inseminación artificial cuando dos mujeres eran pareja de hecho. La Sala de lo Civil del Tribunal Supremo considera, en este caso, no acreditada la relación de maternidad de la expareja de la madre biológica del niño.

En este caso, tanto la sentencia de instancia como la Audiencia Provincial de Málaga habían reconocido la filiación del menor por posesión de estado, por **considerar acreditado el deseo de las dos mujeres de ser madres y que ambas, a pesar de las desavenencias, habían ejercido ese papel desde el momento en que decidieron someterse al proceso de inseminación artificial.**

El Tribunal Supremo explica que la **sentencia recurrida consideró acreditada la constante posesión de estado valorando el tiempo de convivencia transcurrido desde el nacimiento del niño hasta la separación de las dos mujeres,** «cuando lo cierto es que, en atención a su brevedad y a las circunstancias concurrentes, no puede considerarse con entidad suficiente para conformar una relación de maternidad vivida».

Añade la sala que la sentencia recurrida que ha restado relevancia a los actos posteriores al nacimiento, cuando en realidad son decisivos para apreciar si existe una persistencia y constancia en el comportamiento como madre a efectos de apreciar la posesión de estado.

En este caso, es clave para nuestro Alto Tribunal considerar los actos posteriores a la separación, afirmando la sala que «**la relación se ha limitado a contactos esporádicos, más propios de la amistad con la madre,** con quien tiempo después del divorcio la demandante quiso recuperar la relación a la que había puesto fin, que con una relación de maternidad con el niño».

Asimismo, cabe señalar que la demandante, en este caso, no solicitó en ningún momento medidas personales y patrimoniales respecto al niño en el procedimiento de divorcio.

La sala concluye que no se ve el beneficio que reportaría para la estabilidad personal y familiar del niño: «la creación por sentencia de una relación jurídica que no se basa en un vínculo biológico y que no preserva una continuada y vivida relación materno filial de la demandante con el niño, que desde hace años es cuidado exclusivamente por la madre».

Por último, es interesante traer a colación también la **sentencia del Tribunal Supremo n.º 558/2022, de 11 de julio, ECLI:ES:TS:2022:3002,** que trae su origen en una demanda interpuesta para que se declare madre no biológica de un menor nacido por técnicas de reproducción asistida. En este caso la demandada no aportó material genético para la gestación ni tampoco prestó su consentimiento para la fecundación, por ello se opone a la determinación de la filiación no matrimonial solicitada por la demandante.

Asimismo, también niega que concurran los elementos necesarios de la posesión de estado ya que todas las decisiones sobre la vida del menor las ha tomado la demandante como madre.

El juzgado de instancia desestimó la demanda basándose en que la demandante ya había contraído matrimonio con otra persona, que la demandada no había prestado consentimiento a la inseminación y no realizó posteriormente del nacimiento ninguna actuación para lograr la inscripción de la filiación, como casarse y comparecer en el Registro Civil o adoptar al menor. Tampoco entendió que existiera posesión de estado, ya que, aunque existió una convivencia, no estaban empadronadas en el mismo domicilio y tampoco constituyeron una pareja inscrita, la madre contaba con un título de familia monoparental en el que aparecía únicamente el niño y ella y pese a que llamaba «mamá» a la demandada, después de la separación también llamaba «papá» a la nueva pareja de la demandante.

A *sensu contrario* se pronuncia la audiencia provincial y declara a la demandada madre no biológica del menor ordenando la rectificación del Registro Civil. La audiencia sí entiende que exista posesión de estado ya que no concurre *nomen* pero sí *tractatus* y *fama,* por cuanto la demandada actuaba como madre del menor, como progenitora del mismo de forma pública y notoria. Pero **¿qué tiene en cuanta la audiencia provincial?** Para responder interesa reproducir literalmente el texto de la sentencia: «Las declaraciones de la propia demandante, que si bien admitió que la existencia de una tercera persona fue el motivo de la ruptura, dijo que esto había tenido lugar después y no durante el embarazo, afirmando que el proyecto de tener un hijo en común fue de las dos; que en la primera tarjeta de la seguridad social que se hizo al menor cuando nació se le identificara con los apellidos de las dos litigantes; que un año antes de que naciera el menor celebraron un compraventa de una vivienda y los padres de la demandante hicieron una transferencia para contribuir a esa compra; que después de la ruptura de la pareja, a partir del mes de mayo de 2010, ambas continuaron encargándose del cuidado del menor, incluso por semanas alternas, llevando Herminia al menor cuando era necesario al médico y también al colegio; que el menor llamaba «mamá» a la demandante y «mami» a la demandada, y tenía además una relación propia de hermanos con la hija de la demandada. La Audiencia tuvo en cuenta para ello la declaración de la hija de la demandante, que declaró que consideraba a la demandada como madre y que fue ella la que les pidió tener un hermano, la declaración de una madre del colegio que luego trabajó para la demandante; la declaración de la madre y la hermana de la demandante, así como la de una amiga que refirió que la demandante le ponía a la demandada las inyecciones durante el tratamiento, o que la familia de la demandante consideraba a la demandada como de la familia».

Por su parte nuestro Alto Tribunal, en la misma línea que el juzgado de primera instancia, entiende que la audiencia ha valorado como decisivos hechos que a juicio del TS no lo son, y ha prescindido de **hechos relevantes que, junto a otros, tienen trascendencia, como son la titularidad de la tar-**

jeta de familia monoparental y los carnets individuales de la madre y el hijo que reflejan el modelo de familia que integran, la tarjeta sanitaria del menor con los apellidos únicamente de la madre biológica y que el niño llamara «papá» a la nueva pareja de la demandante.

Por lo tanto, entiende el TS que toda relación de la demandada con el niño se ha basado en la decisión de la madre, quien velando por lo que consideró ajustado al interés de su hijo, permitió esa relación y, posteriormente, una vez que consideró que no era beneficiosa para él, decidió ponerle fin. Así concluye el tribunal:

> «No se niega que demandante y demandada tuvieran una relación sentimental ni que la demandante sintiera afecto y cariño por el hijo de su compañera, incluso después de su ruptura como pareja, pero ello no determina que sea su madre.
>
> (...)
>
> Es improcedente y contrario al interés del menor que, tras no haber quedado determinada la filiación por el cauce legal previsto para ello se fije judicialmente cuando no solo no resulta de una constante relación de maternidad vivida, sino que además es contraria a la voluntad, los deseos, sentimientos y opiniones de un menor ya adolescente, a quien debe reconocerse su derecho a participar en las decisiones progresivamente, en función de su edad, madurez, desarrollo y evolución personal, en una etapa tan fundamental para su vida».

6.
LAS DIFERENTES ACCIONES DE FILIACIÓN

Características y tipos de acciones de reclamación e impugnación de la filiación

Nuestro ordenamiento jurídico ofrece **dos tipos de acciones de filiación**, partiendo del mandato constitucional previsto a tenor de lo estipulado en el artículo 39.2 de la Constitución española: «La Ley posibilitará la investigación de la paternidad»*:*

1. Reclamación de la filiación. Las acciones de reclamación de la filiación, reguladas a lo largo de los artículos 131 a 134 del Código Civil, posibilitan solicitar al órgano jurisdiccional la declaración de **reconocimiento de una relación paternofilial** entre reclamante/s y otra persona/s.

2. Impugnación de la filiación. Con base en los artículos 136 a 141 del Código Civil, la tutela solicitada al órgano versará sobre la **declaración de inexistencia de una relación paternofilial ya determinada.**

El procedimiento a través del cual se deducirán estas acciones se regirá por las normas previstas en el título I del libro IV de la Ley de Enjuiciamiento Civil (en sus artículos 748 y siguientes) —dedicado a los procesos especiales entre los que se encuentran los procesos de filiación—, con especial atención a las especialidades que a este respecto disponen los artículos 764 a 768 del referido texto legal.

De la lectura del articulado antedicho podemos dejar asentadas las **notas características de los procesos sobre declaración o impugnación de la filiación:**

- **Intervención preceptiva del Ministerio Fiscal:** aunque no haya sido este promotor de la acción de determinación o impugnación de la filiación ejercitada ni deba, conforme a la ley, asumir la defensa de alguna de las partes (art. 749 de la LEC).

- **Indisponibilidad del objeto del proceso:** no surtirán efecto la renuncia, el allanamiento ni la transacción. En el caso del desistimiento, se requerirá la conformidad del Ministerio Fiscal, salvo en aquellas acciones en las que, en el ejercicio de la acción de la filiación ejercitado, no existan menores, personas con discapacidad con medidas judiciales de apoyo en las que se designe un apoyo con funciones representativas o ausentes interesados en el procedimiento (art. 751 de la LEC).

- **Sustanciación por los trámites del juicio verbal** (art. 753.1 de la LEC).

- **Tramitación preferente**, siempre que alguno de los interesados en el procedimiento sea menor, persona con discapacidad con medidas judiciales de apoyo en las que se designe un apoyo con funciones representativas o esté en situación de ausencia legal (art. 753.3 de la LEC).

- **Acceso de las sentencias al Registro Civil** (art. 755 de la LEC).

- **Requisito de procedibilidad**: aportación en la demanda de un **principio de prueba** (art. 767.1 de la LEC).

> **A TENER EN CUENTA**. De acuerdo con la jurisprudencia sentada por el Tribunal Supremo, la exigencia contenida en el art. 767.1 de la LEC ha de ser objeto de interpretación flexible, pues dicho requisito de procedibilidad no condiciona la admisión a la demanda a la presentación de una prueba anticipada de los hechos en los que la misma se funde, ni siquiera a la demostración inicial de verosimilitud o apariencia de buen derecho, sino que establece un instrumento, en forma de exigencia de principio de prueba, destinada a preservar la seriedad de este tipo de procesos. En este sentido se pronuncia el auto dictado por la Audiencia Provincial de Bilbao n.º 69/2021, de 14 de junio, ECLI:ES:APB:2921:1160A:
>
> «(...) servir de filtro para impedir aquellas reclamaciones que sean absolutamente infundadas y caprichosas; no se refiere obviamente, a una prueba plena, sino que de lo que se trata es de aportar junto con la demanda un indicio de la existencia de la filiación que se pretende determinar. Este principio de prueba, puede presentarse en soporte documental o gráfico, o anunciarse su proposición en la demanda. La jurisprudencia ha matizado el fundamento y alcance de este principio, que no debe entenderse como una restricción u obstáculo de la posibilidad que ofrece el apartado segundo del artículo 39 CE pues sólo se pretende con él poner límite a la presentación de demandas infundadas o temerarias creando procesos que puedan originar problemas a personas o familias o dar lugar a coacciones o chantajes. En este sentido **basta con que en la demanda conste la oferta de practicar determinadas pruebas en el momento procesal oportuno y, de este modo, pueda llevarse a cabo un control de la razonabilidad de dicha demanda»**.

- **Derecho a la práctica de toda clase de pruebas. Verdad biológica** (art. 767.2 de la LEC).

> **CUESTIONES**
>
> **1. En los procesos de filiación, ¿podrá el tribunal acordar de oficio la práctica de la prueba pericial biológica?**
>
> Sí, en los procesos sobre declaración o impugnación de la filiación, la práctica de la prueba pericial biológica podrá ser acordada de oficio por el tribunal, aun cuando ninguna de las partes del proceso haya solicitado su práctica (apartado 5 del artículo 339 de la LEC):

«El tribunal podrá, de oficio, designar perito cuando la pericia sea pertinente en procesos sobre declaración o impugnación de la filiación, paternidad y maternidad, sobre la capacidad de las personas o en procesos matrimoniales».

2. ¿Qué efecto tendrá la negativa injustificada a someterse a la prueba biológica de paternidad o maternidad?

De conformidad con lo previsto en el apartado 4 del artículo 767 de la LEC, la negativa injustificada a someterse a la prueba biológica de paternidad o maternidad permitirá al tribunal declarar la filiación reclamada, siempre que existan otros indicios de la paternidad o maternidad y la prueba de esta no se haya obtenido por otros medios. Sin embargo, debe tenerse en cuenta que, de conformidad con lo expuesto por nuestro Tribunal Constitucional (entre otras, la **STC n.º 7/1994, de 17 de enero, ECLI:ES:TC:1994:7**), debe existir una causa que justifique la obligación del demandado a someterse a la prueba biológica (principio probatorio que ponga de relieve la existencia de indicios de la paternidad que en demanda se le atribuye), sin que en ningún caso pueda suponer para quien tenga la obligación de soportar la prueba un grave riesgo o quebranto en su salud.

De todos modos, la **verdad biológica no tiene un valor absoluto**, de modo que la hipotética verdad material carecerá de eficacia o relevancia procesal siempre que, a tenor de los artículos 131 a 141 del Código Civil, la acción sea entablada por quien carezca de legitimación para ello o, en su caso, fuera del correspondiente plazo legal de caducidad e igualmente también cuando deba entrar en juego la cosa juzgada del artículo 222 de la Ley de Enjuiciamiento Civil (**SAP de Valencia n.º 220/2020, de 6 de mayo, ECLI:ES:APV:2020:1441**).

- **Medidas cautelares** (art. 768 de la LEC):

  » En el **procedimiento de impugnación de la filiación**, se adoptarán por el tribunal las medidas de protección oportunas sobre la persona y bienes del sometido a la potestad del que aparece como progenitor.

  » En el **procedimiento de determinación de la filiación**, el tribunal podrá acordar alimentos provisionales a cargo del demandado y, en su caso, adoptar las medidas referidas para el procedimiento de impugnación.

RESOLUCIÓN RELEVANTE

Auto de la Audiencia Provincial de Bizkaia n.º 37/2021, de 22 de abril, ECLI:ES:APBI:2021:641A

«En todo caso, cualquier medida cautelar que se pretenda que se adopte requiere del cumplimiento de los requisitos generales, respecto de los cuales se han de realizar una serie de consideraciones de naturaleza jurídica:

I.- Sobre el sentido y alcance de las medidas cautelares.

Esta Sala en reiteradas resoluciones (Autos de 2 de abril y 3 de setiembre de 2003, 7 de enero de 2004, 31 de octubre y 14 de diciembre de 2005, 28 de junio de 2006, 28 de junio de 2007, 9 de setiembre de 2008, 9 de junio y 1 de diciembre de 2009, 22 de febrero y 14 de noviembre de 2012, 14 de marzo y 11 de noviembre de 2013 y 6 de noviembre de 2014, entre otros), ha declarado que la tutela cautelar, regulada en los art. 721 y ss LEC, es un aspecto más del derecho a la tutela judicial efectiva que el art. 24 CE reconoce a todo ciudadano que interesa la intervención de los Tribunales en defensa de sus derechos o intereses legítimos, cuya finalidad es servir de protec-

ción, en determinadas situaciones de peligro que puedan impedir la posterior eficacia de la sentencia (art. 721 n.° 1 LEC), lo que implica que cuando se analiza para su adopción la bondad de la pretensión cuyo cumplimiento futuro se trata de garantizar, ello se hace sin prejuzgar el fondo del asunto ni la decisión final que al respecto se adopte, por cuanto se está ante una fase previa del proceso, obedeciendo la valoración que se realice, que no produce los efectos de cosa juzgada (T.S. Sala Primera, S. 22 de Enero de 2000, entre otras), a la garantía de la ejecución, está la presunción de derecho del demandado, en tanto en cuanto no recaiga sentencia condenatoria, a ser absuelto, de ahí el carácter instrumental o accesorio de las medidas cautelares respecto del proceso principal y su provisionalidad (art. 726 y 731 LEC).

La posibilidad de la adopción de estas medidas, siempre a instancia de parte y no de oficio, a salvo los procesos especiales (art. 721 n.° 2 LEC), viene condicionada además de al cumplimiento de los requisitos específicos en función de la medida interesada (art. 727 LEC) y de los generales comunes a todas las medidas (art. 728 LEC), a la finalidad que con tal se persigue, debiendo valorar su procedencia en atención a la prueba practicada y a la naturaleza de la acción por ejercitar, si es que la misma se interesa con carácter previo a la demanda (art. 730 n.° 2 y 3 LEC), o ejercitada, si es que se interesa con la demanda de manera simultánea (art. 730 n.° 1 LEC) o con posterioridad a su presentación o pendiente recurso, cuando la petición se base en hechos y circunstancias que justifiquen la solicitud en esos momentos (art. 730 n.° 4 LEC)».

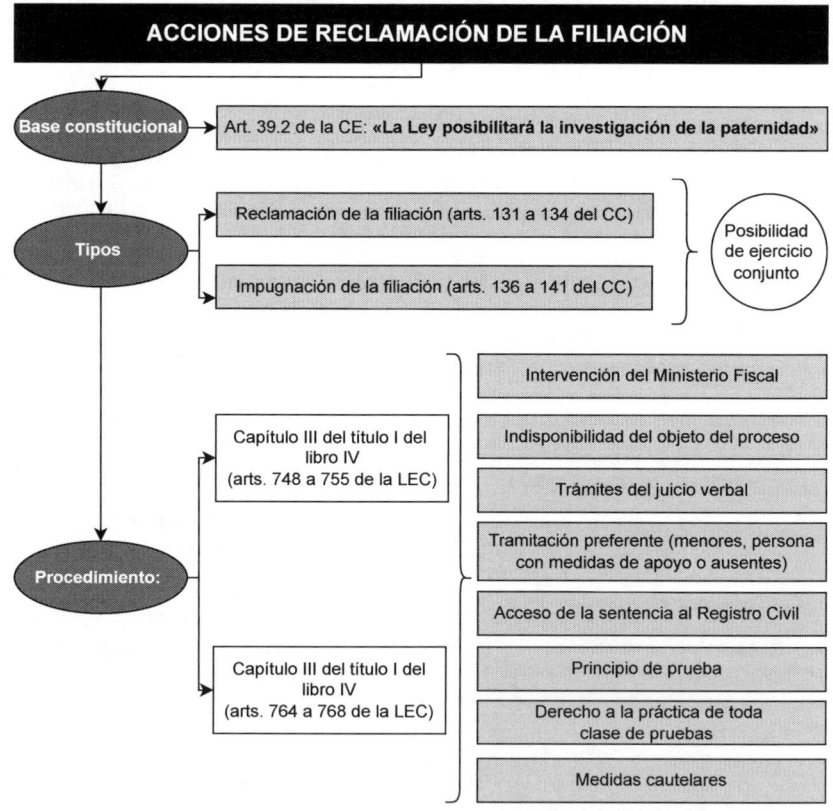

6.1. Acciones de reclamación de la filiación

Tipos de acciones de reclamación de la filiación

Tal y como hemos adelantado en el apartado relativo a «Las diferentes acciones de filiación», podemos conceptualizar las acciones de reclamación de la filiación como aquellas acciones que, reguladas a lo largo de los artículos 131 a 134 del Código Civil, posibilitan que se pueda solicitar, al órgano jurisdiccional, la **declaración de reconocimiento de una relación paternofilial entre reclamante/s y otra u otras persona/s.**

Existen tres **tipos de acciones de reclamación de la filiación,** distinguiéndose entre aquellas en las que ha existido posesión de estado y aquellas en las que, no existiendo posesión de estado, la filiación pretendida sea matrimonial o no matrimonial:

1. Acción de reclamación de la filiación con posesión de estado (artículo 131 del Código Civil).

2. Acción de reclamación de la filiación matrimonial sin posesión de estado (artículo 132 del Código Civil).

3. Acción de reclamación de la filiación no matrimonial sin posesión de estado (artículo 133 del Código Civil).

|| Filiación con posesión de estado

En el artículo 131 del Código Civil, se regula la acción de reclamación de la filiación, manifestada por la **posesión de estado, sea matrimonial o extramatrimonial:** «Cualquier persona con interés legítimo tiene acción para que se declare la filiación manifestada por la constante posesión de estado (...)».

Como se desprende de la literalidad de la norma, el precepto **legitima a cualquier tercero portador de un interés legítimo** para pedir que se declare una **filiación por la constante posesión de estado.** Si bien, tal y como pone de manifiesto la **sentencia del Tribunal Supremo n.º 185/2005, de 16 de marzo, ECLI:ES:TS:2005:1664,** dicha acción requiere la concurrencia de dos requisitos o elementos constitutivos: **interés legítimo y posesión de estado.**

CUESTIONES

1. ¿Qué podemos entender por «posesión de estado»?

Podemos conceptualizar la denominada como «posesión de estado» como aquella actuación ininterrumpida y reveladora de la libre voluntad del padre de prestar asistencia, cuidado y compañía al supuesto hijo a través de actos continuados, públicos y de carácter personal (véase, en este sentido, la STS n.º 1079/2003, de 10 de noviembre, ECLI:ES:TS:2003:6997).

2. ¿Qué elementos deben darse para el requerido cumplimiento de la «posesión de estado»?

La apreciación del concepto que establece la ley como presupuesto para la legitimación de cualquier interesado requiere la presencia de hechos concretos que integren los diversos **elementos de la posesión de estado** (*nomen, tractatus,* fama), de modo que conformen una apariencia de filiación creada por el ejercicio constante de sus potestades y deberes, una apariencia de una relación de filiación manifestada por la posesión del estado de filiación. Es preciso, por tanto, que consten hechos públicos repetidos y encadenados de los que resulte el goce público de una relación de filiación.

Si bien, tal y como puntualiza la **sentencia del Tribunal Supremo n.º 267/2018, de 9 de mayo, ECLI:ES:TS:2018:1617,** resulta posible la acreditación de la posesión de estado aun en ausencia de alguno de sus tres elementos clásicos, particularmente cuando nos encontramos ante acción de reclamación de la filiación con posesión de estado no matrimonial:

*«En particular, puesto que se trata de reclamar una **filiación extramatrimonial no determinada,** no sería exigible el **nomen** en el sentido estricto de que el supuesto hijo usara los apellidos del progenitor, pero sí resulta absolutamente **imprescindible el tractatus.** Es decir, actos del progenitor (a los que pueden sumarse los de su familia) que den credibilidad a la situación posesoria, actos de atención y asistencia al hijo, actos que comporten el cumplimiento de la función propia de un progenitor. E igualmente es **necesario que concurra la fama,** entendida como notoriedad y reflejo de la naturaleza del fenómeno posesorio».*

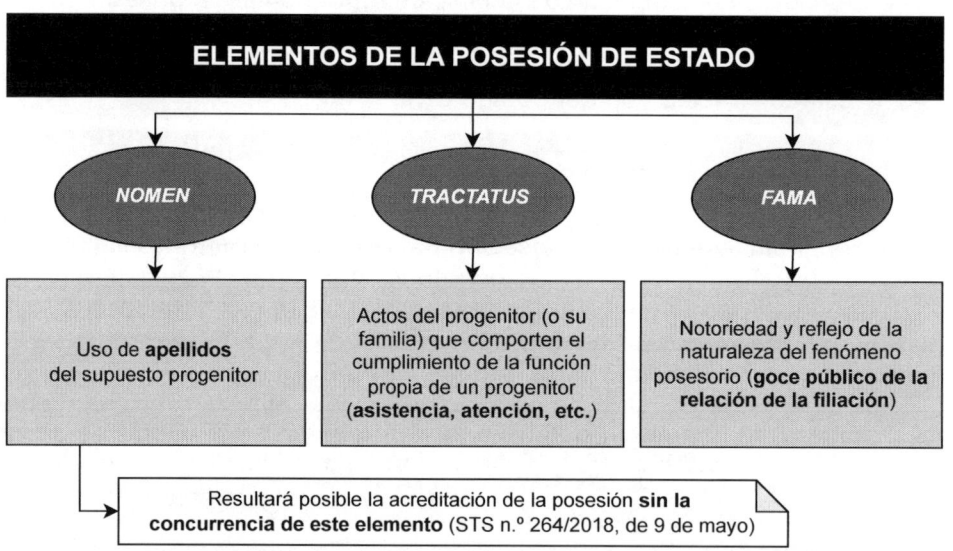

ELEMENTOS DE LA POSESIÓN DE ESTADO

NOMEN — Uso de **apellidos** del supuesto progenitor

TRACTATUS — Actos del progenitor (o su familia) que comporten el cumplimiento de la función propia de un progenitor (**asistencia, atención, etc.**)

FAMA — Notoriedad y reflejo de la naturaleza del fenómeno posesorio (**goce público de la relación de la filiación**)

Resultará posible la acreditación de la posesión **sin la concurrencia de este elemento** (STS n.º 264/2018, de 9 de mayo)

Por su parte, y en relación con la **prescripción de la acción de reclamación de la filiación con posesión de estado,** cabe poner de relieve que la misma es **imprescriptible.** En este sentido, la **sentencia del Tribunal Supremo n.º 725/2002, de 9 de julio, ECLI:ES:TS:2002:5118,** destacaba que, siendo la doctrina jurídica unánime respecto a la imprescriptibilidad de la acción de reclamación de la filiación con posesión de estado, la jurisprudencia no había tenido hasta el momento oportunidad de pronunciarse, señalando dicha circunstancia por «su obviedad». Así, entiende la sala que no tendría sentido que —tal y como comprobaremos en los apartados siguientes— fuera imprescriptible la acción de reclamación de filiación matrimonial o extramatrimonial cuando no hay posesión de estado (artículos 132 y 133 del Código Civil) y fuera prescriptible si la hay. Dicha sentencia termina por señalar que **mientras exista persona con interés legítimo no habrá prescripción**:

> «El artículo 131 atribuye la acción a «cualquier persona con interés legítimo» y **mientras haya tal interés, habrá acción, sin someterse a plazo de prescripción**. Por último, del artículo 1936 del Código civil se desprende el principio de que no cabe prescripción en aquellos derechos indisponibles, como los relativos al estado civil de las personas, que sí tienen, cuando lo determina la ley, plazo de caducidad».

Por último, cabe advertir que, tal y como prevé el propio artículo 131 del Código Civil, **se exceptúan de tal amplia legitimación** —cualquier persona con interés legítimo— **aquellos supuestos en los que se la filiación que se reclame contradiga otra legalmente determinada**:

> «Cualquier persona con interés legítimo tiene acción para que se declare la filiación manifestada por la constante posesión de estado.
> **Se exceptúa** el supuesto en que la filiación que se reclame contradiga otra legalmente determinada».

Excepción que entra en relación con lo dispuesto en el artículo 134 del Código Civil que, previendo la acumulación de la acción de reclamación de la filiación (cualquiera que sea) a la acción de la impugnación de la filiación que la contradiga, limita dicho ejercicio al **hijo o progenitor**:

> «El ejercicio de la acción de reclamación, conforme a los artículos anteriores, por el hijo o el progenitor, permitirá en todo caso la impugnación de la filiación contradictoria».

En estos supuestos (ejercicio de cualquiera de los tipos de acción de la filiación previstas en el Código Civil por hijo o progenitor con impugnación de la filiación que la contradice), debemos tener presente que, de conformidad con lo previsto en el artículo 766 de la LEC, además de ser parte demandada el hijo o el progenitor respecto del que se solicita la filiación no reconocida, **la demanda también deberá dirigirse contra quienes aparezcan como progenitores y como hijo en virtud de la filiación legalmente determinada**, cuando se impugne esta. Si cualquiera de ellos hubiere fallecido, serán parte demandada sus herederos.

|| Filiación matrimonial sin posesión de estado

Por su parte, a diferencia de lo que sucede en casos en los que existe posesión de estado —donde está legitimada cualquier persona con interés legítimo—, en los **casos de ausencia de la posesión de estado**, el legisla-

·dor **limita los sujetos legitimados** para su interposición en el **art. 132 del Código Civil,** identificándose los siguientes:

- Cualquiera de los dos progenitores.

- El hijo.

- Los herederos del hijo siempre que se cumpla alguna de las siguientes circunstancias:

  » Que el fallecimiento del hijo hubiera tenido lugar **antes de que hubieran transcurrido cuatro años desde que alzase plena capacidad.**

  » Que el fallecimiento del hijo hubiera tenido lugar **durante el año siguiente al descubrimiento de las pruebas** en que se haya de fundar la demanda.

Tal y como prevé la propia literalidad del contenido del artículo 132 del Código Civil, **la acción de filiación matrimonial sin posesión de estado es imprescriptible,** si bien, habrá de tenerse en cuenta la figura de la caducidad cuando el ejercicio de la acción sea llevada a cabo por los herederos: «Si el hijo falleciere antes de transcurrir cuatro años desde que alcanzase plena capacidad, o durante el año siguiente al descubrimiento de las pruebas en que se haya de fundar la demanda, **su acción corresponde a sus herederos por el tiempo que faltare para completar dichos plazos».**

‖ Filiación no matrimonial sin posesión de estado

Por su parte, el artículo 133 de Código Civil prevé que, faltando la constante posesión de estado, la acción de reclamación de filiación no matrimonial **corresponderá al hijo durante toda su vida.** No existiendo, en consecuencia y a tenor de la literalidad de la norma, plazo alguno para llevarla a cabo.

La imprescriptibilidad de la acción es clara tanto por la literalidad del precepto como por la postura que, al respecto, ha venido siendo mantenida por la sala del Tribunal Constitucional en sentencias como, por ejemplo, la **STS n.° 18/2017, de 17 de enero, ECLI:ES:TS:2017:110,** en la que destaca la imposibilidad de que se establezca distinción alguna al respecto cuando el que ejercita la acción es el progenitor en nombre del hijo menor de edad:

> «**No hay ejercicio tardío del derecho** con relevancia jurídica en estos casos, pues el artículo 133 CC establece que la acción puede ejercitarse durante toda la vida del hijo (así lo destacó, entre otras, la sentencia de esta sala 253/2003, de 11 marzo), sin que puedan establecerse diferencias en cuanto al ejercicio por la madre —a favor del hijo— o por el propio hijo —cuando alcance la mayoría de edad— de la acción correspondiente (...)».

CUESTIÓN

¿Qué ocurrirá con la acción del hijo si este falleciere sin haber hecho uso del ejercicio de la misma?

La ley —art. 133 del CC— posibilita que la acción de reclamación de filiación no matrimonial del hijo pueda ser ejercitada por sus herederos **siempre que** concurra alguno de los siguientes supuestos:

- Que el hijo hubiera fallecido **antes de transcurrir cuatro años** desde que alcanzare la mayoría de edad.

> – Que el hijo hubiera fallecido **antes de transcurrir cuatro años desde que se eliminaren las medidas de apoyo** que tuviera previstas a tales efectos.
>
> – Que el hijo hubiera fallecido **durante el año siguiente al descubrimiento de las pruebas** en que se funde la demanda.
>
> En cualquiera de estos supuestos, la acción de reclamación de la filiación no matrimonial del hijo fallecido **pertenecerá a sus herederos por el tiempo que faltare para completar los plazos antedichos.**

Asimismo, anteriormente, el artículo 133 del Código Civil únicamente atribuía legitimación activa para reclamar la filiación no matrimonial, cuando falta la posesión de estado, al hijo. Sin embargo, tras la declaración de inconstitucionalidad por medio de la **STC n.° 52/2006, de 16 de febrero, ECLI:ES:TC:2006:52,** por la cual se estableció «declarar inconstitucional el párrafo primero del art. 133 del Código civil, en la redacción dada por la Ley 11/ 1981, de 13 de mayo, en cuanto impide al progenitor no matrimonial la reclamación de la filiación en los casos de inexistencia de posesión de estado», en la actualidad, **el progenitor también ostenta la facultad de ejercitar la acción de filiación no matrimonial,** si bien, limitada al **plazo de un año contado desde que este hubiera tenido conocimiento de los hechos** en que haya de basar su reclamación (posibilidad introducida con ocasión de la entrada en vigor, el 18/08/2015, de la Ley 26/2015, de 28 de julio, de modificación del sistema de protección a la infancia y a la adolescencia).

Conforme lo anterior, en aquellos supuestos en los que sea el progenitor el que ejercita la acción de reclamación de la filiación no matrimonial sin posesión de estado, **habremos de tener presente la figura de la caducidad.** Así, pueden consultarse, en este sentido, resoluciones como el **auto dictado por el Tribunal Supremo, rec. 246/2019, de 18 de diciembre, ECLI:ES:TS:2019:13590A,** en el que la sala desestima el recurso de queja contra el auto por el que se deniega la admisión del recurso de casación contra la sentencia de la audiencia provincial, que resolvía el recurso de apelación interpuesto por la demandada, frente a la sentencia apelada, en la que se estimó la acción de reclamación de filiación no matrimonial que el actor interpuso, revocando la sentencia dictada en primera instancia y **declarando en aquella la caducidad de la acción ejercitada:**

> «La audiencia, concluye, revocando lo resuelto en la sentencia apelada, y en aplicación de la doctrina contenida en la STS 457/2018 de 18 de julio, considera caducada la acción, explicando que había transcurrido en exceso el plazo de un año, pues la entrada en vigor de la nueva redacción del art. 133. 2.° CC, lo fue en 18 de agosto de 2015, y la demanda se presentó el 3 de febrero de 2017, considera que la acción está caducada **por el transcurso de un año desde que tuvo conocimiento de su paternidad,** pues considera que el actor reconoce que supo desde un principio del nacimiento de Balbino, el cual nació en NUM000 de 2010, poniendo esta noticia la Sra. Vanesa en conocimiento de la familia paterna, al haber finalizado la relación con anterioridad al nacimiento; **considera en consecuencia que la acción de reclamación de la filiación no matrimonial sin posesión de estado, ha caducado,** al no existir indicios de posesión de estado, pues

se refiere que el recurrente no ha tenido contacto alguno con su hijo, no ha estado el padre presente en la vida del menor en calidad de padre».

CUESTIONES

1. ¿Podrán los herederos del progenitor ejercitar la acción de filiación no matrimonial si este no hubiera hecho uso de la misma en vida?

No, la acción de filiación no matrimonial del progenitor no se transmite a los herederos, quienes solo podrán continuar la acción que el progenitor ya hubiere iniciado en vida.

2. ¿Podrá ejercitarse la acción que corresponda al hijo si este fuera menor de edad?

Sí, la acción de determinación de la filiación (cualquiera que sea) y que, conforme a lo dispuesto en la legislación civil, corresponda al hijo menor de edad, podrán ser ejercitadas por su representante legal o por el Ministerio Fiscal, indistintamente (art. 765.1 de la LEC).

3. ¿Y la acción que corresponda al hijo con discapacidad con medidas de apoyo para su ejercicio?

En estos supuestos, la acción de determinación de la filiación que corresponde al hijo con discapacidad que precise apoyo podrá ser ejercitada por este, por quien preste el apoyo y se encuentre expresamente facultado para ello o, en su defecto, por el Ministerio Fiscal (art. 765.2 de la LEC).

Reconocimiento tardío de la paternidad. Variación del orden de apellidos

Tal y como pone de manifiesto la Ley del Registro Civil en su exposición de motivos, el nombre y los apellidos se configuran como un elemento de identidad del nacido derivado del derecho de la personalidad y, como tal, se incorpora a la inscripción de nacimiento.

Con respecto al orden de los apellidos, hemos de comenzar manifestando que este vendrá determinado por la filiación. Así, y en el caso de que la filiación esté determinada por ambas líneas, los progenitores, de común acuerdo, podrán decidir el orden de transmisión de su respectivo primer apellido antes de la inscripción registral. Todo ello sin perjuicio de que, cumplida la mayoría de edad, el inscrito ejercite su derecho de solicitar la alteración del orden de los mismos. Así lo establece el artículo 109 del Código Civil:

«La filiación determina los apellidos con arreglo a lo dispuesto en la ley.

Si la filiación está determinada por ambas líneas, los progenitores de común acuerdo podrán decidir el orden de transmisión de su respectivo primer apellido, antes de la inscripción registral. Si no se ejercita esta opción, regirá lo dispuesto en la ley.

El orden de apellidos inscrito para el mayor de los hijos regirá en las inscripciones de nacimiento posteriores de sus hermanos del mismo vínculo.

El hijo, al alcanzar la mayoría de edad, podrá solicitar que se altere el orden de los apellidos».

CUESTIONES

1. ¿Qué ocurre si los progenitores no hacen uso de su derecho de elegir el orden de trasmisión de su respectivo apellido?

De acuerdo con lo dispuesto en el artículo 194 del **Decreto 14 de noviembre de 1958 por el que se aprueba el Reglamento de la Ley del Registro Civil,** de encontrarnos ante una filiación determinada por ambas líneas y no hacerse uso, por parte del padre y la madre, de la posibilidad establecida en el artículo arriba referido, esto es, determinar el orden de apellidos de común acuerdo, corresponderá al inscrito como primer apellido el primero del padre y como segundo apellido el primero de la madre. Sin embargo, el contenido del artículo 49.2 de la **Ley del Registro Civil** va más allá y, actuando como un precepto corrector de lo antedicho, prevé que sea el encargado del Registro Civil quien acuerde dicho orden **atendiendo al interés superior del menor:**

«2. La filiación determina los apellidos.

Si la filiación está determinada por ambas líneas, los progenitores acordarán el orden de transmisión de su respectivo primer apellido, antes de la inscripción registral.

En caso de desacuerdo o cuando no se hayan hecho constar los apellidos en la solicitud de inscripción, el Encargado del Registro Civil requerirá a los progenitores, o a quienes ostenten la representación legal del menor, para que en el plazo máximo de tres días comuniquen el orden de apellidos. Transcurrido dicho plazo sin comunicación expresa, el Encargado acordará el orden de los apellidos atendiendo al interés superior del menor (...)».

Por tanto, es el **interés superior del menor** el que inspira al legislador para resolver el orden de los apellidos en defecto de acuerdo de los progenitores, confiando que sea el encargado del Registro Civil el que valore tal interés y asuma la decisión (STS n.º 621/2015, de 12 de noviembre, ECLI:ES:TS:2015:4597), también es interesante al respecto la sentencia del **Tribunal Supremo** n.º 645/2020, de 30 de noviembre, ECLI:ES:TS:2020:4482.

2. ¿Y si la filiación únicamente se encuentra determinada por una línea?

En los supuestos de nacimiento con una sola filiación reconocida, será esta la que determine los apellidos, previéndose la posibilidad de que el progenitor determine el orden de los mismos (art. 49. 2 de la **Ley del Registro Civil**).

Por su parte, y en lo que aquí más nos interesa, encontramos que es precisamente en aplicación a ese principio, al interés superior del menor, como el Tribunal Constitucional ha señalado que debe ser resuelta la **problemática ocasionada cuando nos encontremos ante un supuesto de reconocimiento de filiación tardío.** Así, encontramos que la **sentencia del Tribunal Constitucional n.º 167/2013, de 7 de octubre, ECLI:ES:TC:2013:167,** estima el recurso de amparo ejercitado por la madre, pues de acuerdo con lo expuesto por los magistrados, el **interés superior del menor no se conciliaba con el cambio del orden de apellidos** con el que inscrito venía actuando en las relaciones sociales.

En consecuencia, y comoquiera que, tal y como pone de relieve la sala, el menor, en el momento de iniciarse el proceso de determinación judicial de la paternidad, se encontraba escolarizado y había venido utilizando el primer apellido de su madre desde el nacimiento, sin que hubiera tenido una relación personal con el padre, niega la alteración del orden de los apellidos que venía utilizando, al estimar que, conforme las circunstancias expuestas, **un** cambio de tal naturaleza no se conciliaría con su superior interés, constituido por el libre desarrollo de su personalidad en el entorno social en que se desenvuelve.

En liza con la perspectiva constitucional señalada, y con cita a la misma, se inicia una vía jurisprudencial en la que encontramos diversas resoluciones en las que la sala del Tribunal Supremo (**sentencia n.º 76/2015, de 17 de febrero, ECLI:ES:TS:2015:544**, seguida por la **sentencia n.º 621/2015 de 12 de noviembre, ECLI:ES:TS:2015:4597**, y la posterior **sentencia n.º 15/2016, de 1 de febrero, ECLI:ES:TS:2016:338), niega la alteración del orden de los apellidos del menor respecto del que se ejercita acción de determinación judicial de la paternidad, basándose en factores como los siguientes:**

1. El periodo transcurrido entre el nacimiento y el momento en que se puso fin al proceso por sentencia firme durante el cual se había utilizado el primer apellido materno, patente la relevancia individualizadora del primero de los apellidos de una persona.

2. El menor que, en el momento de iniciarse el proceso, estaba escolarizado y había utilizado el primer apellido materno, sin que hubiera tenido una relación personal estable con el padre.

3. Ser conocido con ese primer apellido en los diferentes ámbitos familiar, social o escolar.

Más clara es la **sentencia del Tribunal Supremo n.º 659/2016, de 10 de noviembre, ECLI:ES:TS:2016:4839**, al señalar que, aun cuando la reclamación de paternidad no sea tardía, la interrogante que habrá que responderse, en aras a identificar el interés superior del menor, no será tanto si existe perjuicio para el menor por el cambio de apellidos como si, partiendo del que tiene como primero, le sería beneficioso el cambio, de forma que el primero fuese el paterno y el segundo materno. En consecuencia, se indica que, **de no constar dicho beneficio, no existiría pues, razón alguna para alterar el primer apellido** con el que se viene identificado al menor; postura mantenida en fechas todavía más recientes como en, por ejemplo, la **STS n.º 645/2020, de 30 de noviembre. ECLI:ES:TS:2020:4482:**

> «De lo expuesto hasta aquí debemos de concluir que controversias como la presente deben dilucidarse en atención al interés superior del menor, al carácter individualizador del apellido en la vida familiar, social y escolar, que se va consolidando con el tiempo como un elemento de identidad de la persona, a los efectos de determinar, en definitiva, si el cambio del orden de apellidos beneficia al niño o la niña, lo que exige un juicio ponderativo de las circunstancias concurrentes, que deberá explicitarse en la motivación de la resolución judicial que se pronuncie al respecto».

En consecuencia, y en atención a que en estos supuestos nos encontramos una filiación sobrevenida, habrá que tenerse en cuenta que, a la hora de determinar el orden de los apellidos del menor respecto del que se ha reconocido la paternidad, **no podrá imponerse como primer apellido el del padre por aplicación del artículo 109 del Código Civil sino que, a fecha de la presente, y en aplicación de la doctrina expuesta (que entra en concor-**

dancia con lo estipulado en el artículo 49 de la Ley del Registro Civil), entra en juego el derecho del menor a su nombre y la relevancia individualizadora del que venía haciendo uso con carácter previo a la determinación judicial de la filiación, debiendo valorarse las circunstancias de cada caso concreto y el interés protegible del menor respecto al cambio del orden de los apellidos con el que consta inscrito en el Registro Civil y con el que viene desde entonces identificado en la vida familiar, social y escolar.

6.2. Acciones de impugnación de la filiación

¿Quién puede ejercitar la acción de impugnación de la filiación?

‖ ¿Qué es la acción de impugnación de la filiación?

Es la acción mediante la cual **se ejerce la oposición a la filiación inscrita en el Registro Civil** (*Diccionario panhispánico del español jurídico de la RAE*).

Podrán ejercitar esta acción:

1. **El marido** (artículo 136 del Código Civil).

2. **El/la hijo/a mayor de edad** (artículo 137 del Código Civil).

3. **La madre o progenitor que conste como gestante** (artículo 139 del Código Civil).

4. **Personas con interés legítimo:** heredero del marido, madre que ostente patria potestad, representante legal y Ministerio Fiscal (artículo 140 del Código Civil).

‖ **Acción de impugnación de la filiación por parte del marido** ‖ (impugnación de la filiación matrimonial)

Precisa el **artículo 136 del Código Civil** lo siguiente:

«1. El marido podrá ejercitar la acción de impugnación de la paternidad en el plazo de un año contado desde la inscripción de la filiación en el Registro Civil. Sin embargo, el plazo no correrá mientras el marido ignore el nacimiento. Fallecido el marido sin conocer el nacimiento, el año se contará desde que lo conozca el heredero.

2. Si el marido, pese a conocer el hecho del nacimiento de quien ha sido inscrito como hijo suyo, desconociera su falta de paternidad biológica, el cómputo del plazo de un año comenzará a contar desde que tuviera tal conocimiento.

3. Si el marido falleciere antes de transcurrir el plazo señalado en los párrafos anteriores, la acción corresponderá a cada heredero por el tiempo que faltare para completar dicho plazo».

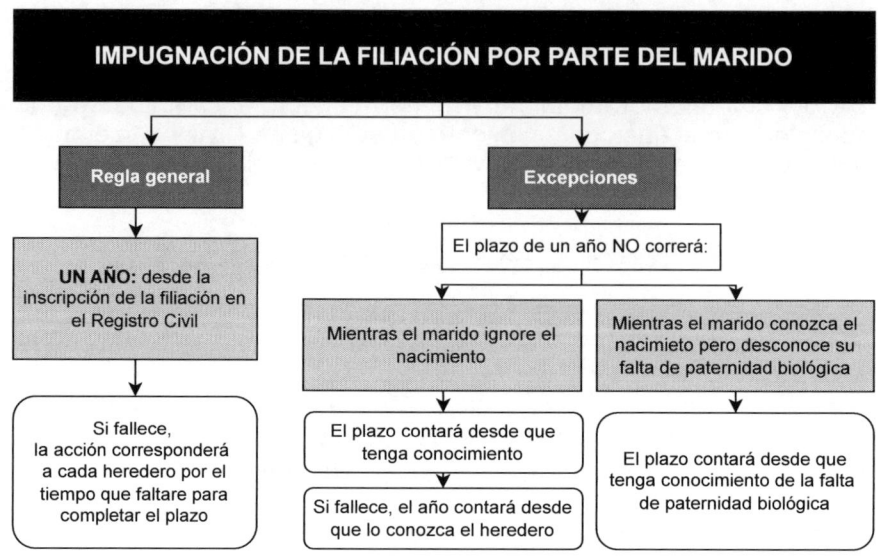

Este artículo prevé la impugnación de la filiación matrimonial por parte del marido, si bien, lo que ha suscitado más problemas en la práctica es **el plazo de caducidad** que en el referido artículo se contempla. En este sentido, la **sentencia del Tribunal Constitucional n.° 138/2005, de 26 de mayo, ECLI:ES:TC:2005:138**, declaró la inconstitucionalidad del párrafo 1.° del referido artículo 136 del Código Civil en la redacción dada por la Ley 11/1981, de 13 de mayo, «en cuanto comporta que el plazo para el ejercicio de la acción de impugnación de la paternidad matrimonial empiece a correr aunque el marido ignore no ser el progenitor biológico de quien ha sido inscrito como hijo suyo en el Registro Civil» y, aunque no decretó su nulidad en aquel momento, instó al legislador a modificar su redacción. Finalmente, la Ley 26/2015, de 28 de julio, de modificación de del sistema de protección de la infancia y a la adolescencia, fue la que dio lugar a la redacción actual del referido artículo 136 del Código Civil.

A modo de ejemplo, cabe traer a colación la **sentencia del Tribunal Supremo n.° 743/2016, de 21 de diciembre, ECLI:ES:TS:2016:5665**, en la que se **interpone demanda de impugnación de la filiación transcurrido más de un año desde la inscripción de tal filiación en el Registro Civil.** La parte demandada contestó a la demanda solicitando la desestimación de la misma al haber caducado la acción de impugnación por haber transcurrido con exceso el plazo de un año a que se refiere el artículo 136 del CC, ya que sostenía que el progenitor era conocedor desde antes de la inscripción en el Registro Civil que no era hija suya.

La sentencia dictada por la audiencia provincial sí entendió caducada la acción de impugnación y, para justificar tal apreciación de caducidad, expresa en su fundamento cuarto lo que versa a continuación:

> «Y esto es precisamente, lo que no ha podido acreditar de forma indubitada, cabal y rigurosa el ahora recurrente quien incumpliendo las exigencias que a tal fin contiene el mandato del artículo 217 de la LEC, se limita a manifestar como punto de referencia la fecha objetiva resultante de las pruebas de paternidad realizadas en aquel laboratorio, antes citado y a presentar como testigos a la psicólogo que le asiste y a la hermana quienes afirman en el año 2011 ya sea en enero, como dice la especialista o algunos meses después, como alega Álvaro el actor, ahora apelado, les asegura que la menor no era su hija biológica, pero que ni manifiestan ni pueden asegurar el momento real y concreto en que el padre tuvo ese auténtico convencimiento de la realidad biológica. Cierto que como perteneciente al arcano del sujeto interesado tal extremo no puede ser patente en tanto no aflore en hecho o actos extremos, objetivos y representados, y en ellos radica su dificultad probatoria pero no lo es menos que tal circunstancia debió ser demostrada por el interesado tal y como sostiene y contrarrestando, así en este sentido en la probanza las afirmaciones de la madre demandada [...]».

Por su parte, la Sala de lo Civil del Tribunal Supremo entiende que:

> «Siendo indiscutido el hecho de que la menor no es hija biológica de don Álvaro, en cuanto tal circunstancia ha sido acreditada por la correspondiente prueba, y debiendo estimarse que la demanda de impugnación se ha interpuesto dentro del plazo de un año a que se refiere el artículo 136 del CC, la demanda ha de ser estimada con la consecuencia inherentes a ella».

CUESTIÓN

¿Puede una mujer ejercitar la acción de impugnación de la filiación?

De acuerdo con el tenor literal del artículo 139 del CC: «La madre o progenitor que conste como gestante podrá ejercitar la acción de impugnación de la filiación justificando la suposición del parto o no ser cierta la identidad del hijo».

¿Puede ejercitar la acción de impugnación de la filiación quien ha realizado un reconocimiento por complacencia?

Sí, en este sentido, la **sentencia del Tribunal Supremo n.º 318/2011, de 4 de julio, ECLI:ES:TS:2011:5546**, fija la **doctrina** siguiente:

> «Cabe que quien ha realizado un reconocimiento de complacencia de su paternidad ejercite una acción de impugnación de la paternidad, fundada en el hecho de no ser el padre biológico del reconocido. Si esa acción prospera, el reconocimiento devendrá ineficaz. La acción procedente será la regulada en el artículo 136 del CC si la paternidad determinada legalmente por el reconocimiento es matrimonial en el momento de ejercicio de la acción; y será la que regula el 140.II del CC si la

paternidad es no matrimonial y ha existido posesión de estado, aunque esta no persista al tiempo del ejercicio de la acción».

CUESTIONES

1. ¿Cuál es el plazo de caducidad de la acción de impugnación de la filiación cuando el reconocimiento de complacencia ha tenido lugar con posterioridad a la celebración del matrimonio?

El plazo de caducidad será el de un año contemplado en el artículo 136 del CC en caso de que el autor del reconocimiento de complacencia y la madre del reconocido hayan contraído matrimonio con posterioridad al reconocimiento. En este sentido se pronuncian la sentencia del Tribunal Supremo n.º 494/2016 de 15 de julio, ECLI:ES:TS:2016:3192, y la sentencia del Tribunal Supremo n.º 1131/2001 de 26 de noviembre, ECLI:ES:TS:2001:9247, donde se reconoce como matrimonial un hijo reconocido el mismo día que tiene lugar el matrimonio.

2. Siguiendo con el caso anterior, ¿cuál será el *dies a quo*?

El plazo de caducidad de un año empezará a contar desde el día que tenga lugar la inscripción de la filiación en el Registro Civil, es decir, desde el día en que tiene lugar el reconocimiento.

¿Puede un hijo o hija ejercitar la acción de impugnación de filiación del padre o progenitor no gestante?

De acuerdo con el **artículo 137 del Código Civil:**

«**1. La filiación del padre o progenitor no gestante podrá ser impugnada por el hijo durante el año siguiente a la inscripción de la filiación.** Si fuere menor o persona con discapacidad con medidas de apoyo, para impugnarla, el plazo del año se contará desde la mayoría de edad o desde la extinción de las medidas de apoyo.

El ejercicio de la acción, en interés del hijo que sea menor, corresponderá, asimismo, durante el año siguiente a la inscripción de la filiación, a la madre o progenitor gestante que ostente la patria potestad, a su representante legal o al Ministerio Fiscal.

Si se tratare de persona con discapacidad con medidas de apoyo, esta, quien preste el apoyo y se encuentre expresamente facultado para ello o, en su defecto, el Ministerio Fiscal, podrán, asimismo, ejercitar la acción de impugnación durante el año siguiente a la inscripción de la filiación.

2. Si el hijo, pese a haber transcurrido más de un año desde la inscripción en el registro, desde su mayoría de edad o desde la extinción de la medida de apoyo, desconociera la falta de paternidad biológica de quien aparece inscrito como su padre o progenitor no gestante, el cómputo del plazo de un año comenzará a contar desde que tuviera tal conocimiento.

3. Cuando el hijo falleciere antes de transcurrir los plazos establecidos en los párrafos anteriores, su acción corresponderá a sus herederos por el tiempo que faltare para completar dichos plazos.

4. Si falta en las relaciones familiares la posesión de estado de filiación matrimonial, la demanda podrá ser interpuesta en cualquier tiempo por el hijo o sus herederos».

RESOLUCIÓN RELEVANTE

Sentencia de la Audiencia Provincial de Burgos n.º 284/2020, de 16 de septiembre, ECLI:ES:APBU:2020:792

«La S.A.P. de Burgos, de 21.11.2013 se centra en el tema de la procedencia de la prueba biológica, no en la caducidad de la acción.

La STS de 17.01.2017, n.º 18/2017, recurso 2016/2015 versa sobre un procedimiento de reclamación de filiación, no de impugnación, debiendo destacarse (lo que no expresa el escrito del recurso de apelación), que las alegaciones reflejadas por la parte recurrente son el contenido del voto particular, discrepante con el pronunciamiento general de los demás Magistrados de la Sala. A mayor abundamiento, estos argumentos se centran en la valoración de la negativa a la prueba de paternidad en el caso de una reclamación de filiación. Nada tienen que ver con el conflicto aquí existente. Por último, la STS 20.02.2012 tampoco se refiere a un supuesto similar al aquí analizado. Allí se trata de una protección del derecho del padre a impugnar su filiación matrimonial, en aplicación del art. 136 C. Civil reiterándose en la sentencia el inicio del plazo de caducidad en la obtención por el mismo del conocimiento de un principio de prueba de esa falta de paternidad.

Pero en el presente caso, la actora, ya desde el inicio tiene los datos necesarios para haber podido ejercitar la acción de impugnación de paternidad. Conoce que ha mantenido relaciones con otro varón (e incluso el defectuoso uso del preservativo, que según declaró en la vista se le quedo dentro), y que la menor, nacida en 2009, puede ser hija tanto de este tercero como de su marido. Y pese a esas serias dudas, nada insta hasta 2018, precisamente tras pedir y obtener este una modificación de medidas.

De posibilitar dejar al arbitrio de la madre cuando va a querer contrastar esa paternidad, cuando va a querer tener certeza objetiva, estaríamos dejando sin efecto la institución de la caducidad del art. 137 CC, que dependería del mero capricho de la demandada.

Tal y como expresa la SAP La Coruña, secc. 5 de 4/07/2019, "el ejercicio de la acción de impugnación de la paternidad, en interés del hijo menor de edad, por la madre, a quien se presume conocedora de la falta de paternidad biológica de quien aparece inscrito como su progenitor, está sometida en todo caso al plazo de caducidad de un año, contado desde la inscripción de la filiación"».

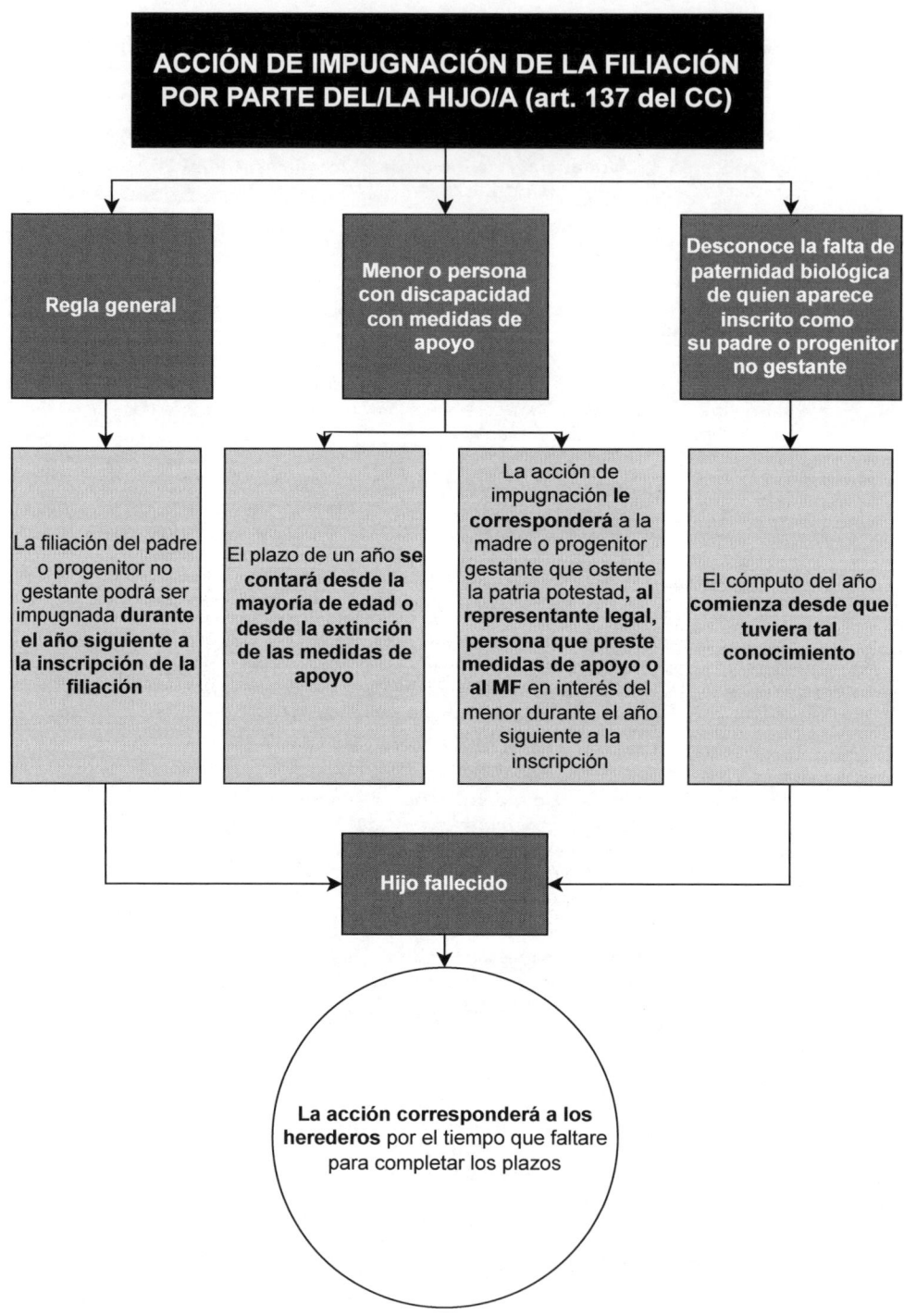

ACCIÓN DE IMPUGNACIÓN DE LA FILIACIÓN POR PARTE DEL/LA HIJO/A (art. 137 del CC)

Regla general

Menor o persona con discapacidad con medidas de apoyo

Desconoce la falta de paternidad biológica de quien aparece inscrito como su padre o progenitor no gestante

La filiación del padre o progenitor no gestante podrá ser impugnada **durante el año siguiente a la inscripción de la filiación**

El plazo de un año **se contará desde la mayoría de edad o desde la extinción de las medidas de apoyo**

La acción de impugnación **le corresponderá** a la madre o progenitor gestante que ostente la patria potestad, **al representante legal, persona que preste medidas de apoyo o al MF** en interés del menor durante el año siguiente a la inscripción

El cómputo del año **comienza desde que tuviera tal conocimiento**

Hijo fallecido

La acción corresponderá a los herederos por el tiempo que faltare para completar los plazos

|| **¿Se puede impugnar la filiación de hijos nacidos mediante técnicas de reproducción humana asistida?**

De acuerdo con el artículo 8.1 de la Ley 14/2006, de 26 de mayo, sobre técnicas de reproducción humana asistida, **ni la mujer progenitora ni el marido, siempre que hayan prestado su consentimiento formal, previo y expreso a determinada fecundación con contribución de donante o donantes, podrán impugnar la filiación matrimonial del hijo nacido como consecuencia de tal fecundación.**

Supuestos específicos de impugnación de la filiación

|| **Acción de impugnación de la filiación no matrimonial**

De acuerdo con el **artículo 140 del Código Civil, cuando falte en las relaciones familiares la posesión de estado, la filiación paterna o materna no matrimonial podrá ser impugnada por aquellos a quienes perjudique.**

Cuando exista posesión de estado, la acción de impugnación corresponderá a quien aparece como hijo o progenitor y a quienes por la filiación puedan resultar afectados en su calidad de herederos forzosos. La **acción caducará pasados cuatro años desde que el hijo, una vez inscrita la filiación, goce de la posesión de estado correspondiente.**

Los hijos tendrán en todo caso acción durante un año después de alcanzar la mayoría de edad o de recobrar capacidad suficiente a tales efectos.

JURISPRUDENCIA

Sentencia del Tribunal Supremo n.º 1526/2024, de 13 de noviembre, ECLI:ES:TS:2024:5766

«Así, de acuerdo con el art. 140.II CC, si la filiación determinada por el reconocimiento va acompañada de posesión de estado solo pueden impugnarla quien aparece como hijo o progenitor y quienes por la filiación puedan resultar afectados en su calidad de herederos forzosos, y ello solo dentro del plazo de cuatro años desde que el hijo, una vez inscrita la filiación, goce de la posesión de estado correspondiente (además, el hijo, dispone en todo caso de un año después de alcanzada la mayoría de edad o recobrar capacidad suficiente, conforme al art. 140.III CC). En cambio, cuando falta la posesión de estado en las relaciones familiares, la filiación puede ser impugnada por aquellos a quienes perjudique, sin que el precepto fije límite temporal alguno (art. 140.I CC).

Por tanto, la relevancia de la apreciación de la posesión de estado en este ámbito resulta de que si el reconocimiento está inscrito en el Registro civil, según el art. 140. II CC, la acción de impugnación caduca a los cuatro años desde que el hijo goce de la posesión de estado correspondiente».

Sentencia del Tribunal Supremo n.º 318/2011, de 4 de julio, ECLI:ES:TS:2011:5546.

Fijación de doctrina.

«La acción de impugnación de la filiación extramatrimonial, determinada por un reconocimiento de complacencia, puede ejercitarse por quien ha efectuado dicho re-

conocimiento, al amparo del artículo 140 del CC, dentro de los cuatro años siguientes a la fecha».

CUESTIÓN

A tenor de la redacción del artículo 140 del CC, ¿la posesión de estado tendrá que persistir al tiempo de ejercitar la acción de impugnación de la filiación?

No, el propio Tribunal Supremo en su sentencia n.º 494/2016, de 15 de julio, ECLI:ES:TS:2016:3192, establece que la acción precedente para la impugnación de paternidad, «será la que regula el artículo 140.2 del CC si la paternidad es no matrimonial y ha existido posesión de estado, aunque esta no persista al tiempo del ejercicio de la acción», siendo, por tanto, indiferente que dicha posesión de estado ya no exista si la había con anterioridad durante la convivencia familiar.

¿Se puede impugnar la filiación por vicios en el consentimiento?

De acuerdo con el **artículo 138 del Código Civil**, el reconocimiento y demás actos jurídicos que determinen conforme a la ley una filiación matrimonial o no matrimonial podrán ser impugnados por vicio en el consentimiento según lo dispuesto en el artículo 141 del mismo texto legal.

Por su parte, el **artículo 141 del Código Civil** establece al respecto:

«La acción de impugnación del reconocimiento realizado mediante error, violencia o intimidación corresponde a quien lo hubiere otorgado. **La acción caducará al año del reconocimiento o desde que cesó el vicio de consentimiento,** y podrá ser ejercitada o continuada por los herederos de aquel, si hubiera fallecido antes de transcurrir el año».

La acción de impugnación de filiación contemplada en el mencionado artículo **no es una acción de impugnación de la filiación en sí misma considerada, sino del reconocimiento** que lleva consigo necesariamente la filiación, y se ejerce con fundamento en la existencia de un vicio de la voluntad, tal como dispone la **sentencia del Tribunal Supremo n.º 318/2011, de 4 de julio, ECLI:ES:TS:2011:5546**.

¿En qué casos no se puede impugnar la filiación?

De acuerdo con lo establecido en el **artículo 764.2 de la Ley de Enjuiciamiento Civil**:

«2. Los **tribunales rechazarán la admisión a trámite de cualquier demanda que pretenda la impugnación declarada por sentencia firme,** o la determinación de una filiación contradictoria con otra que hubiere sido establecida también por sentencia firme».

JURISPRUDENCIA

Sentencia del Tribunal Constitucional n.º 8/2011, de 28 de febrero, ECLI:ES:TC:2011:8

Encontramos aquí una confrontación del art. 764.2 de la LEC y la disposición transitoria sexta de la Ley 11/1981, de 13 de mayo, por la cual «Las sentencias firmes sobre filiación no impedirán que pueda ejercitarse de nuevo la acción que se funde en pruebas o hechos sólo previstos por la legislación nueva».

El TC otorga el amparo solicitado por vulneración al derecho a la tutela judicial efectiva, en tanto no existe dato objetivo que permita colegir, ni siquiera de modo tácito, que el juzgado tuvo en cuenta la posible aplicación de la disposición transitoria que las actoras reclamaban (D.T. 6.ª de la Ley 11/1981, de 13 de mayo). De igual modo, tampoco resulta razonable que la audiencia provincial imponga a la parte actora la carga de la prueba de una norma extranjera similar a la que no aplica, sin haberlo requerido para la norma con base en la cual decreta la inadmisión:

«Esa diferencia se afirma sin más de manera apodíctica y, apoyándose en ella, el Auto de apelación excluye la aplicación de la disposición transitoria sexta de la Ley 11/1981 al no haberse acreditado una norma extranjera de similar tenor. Sin embargo, no hace lo propio con el art. 764.2 LEC, sobre el que no plantea la posible incidencia de reglas de conflicto internacional, dejando expedita su aplicación con el resultado de inadmitirse la demanda ahora por presunto óbice de cosa juzgada, en virtud de la Sentencia peruana. Óbice que la disposición transitoria sexta de la Ley 11/1981, de haberse podido aplicar, habría desactivado.

Este tratamiento diferenciado entre normas sustancialmente de la misma índole, distorsiona el sentido de la regla de la especialidad normativa con resultado de impedir el derecho a una decisión de fondo de las pretensiones de la demanda (art. 24.1 CE).

5. Para que, además, la eficacia de una norma de Derecho interno como es la tantas veces citada disposición transitoria sexta de la Ley 11/1981, pueda quedar condicionada por la previa acreditación de otra norma extranjera de similar tenor, como postula el Auto de apelación recurrido en amparo, tendría que preverse así en algún precepto legal, o que esa reciprocidad normativa derivase de su inclusión en algún convenio o tratado internacional suscrito por España, en concreto aquí respecto de las Sentencias de filiación dictadas por los Tribunales de Perú o del Estado norteamericano de California, lo que no es el caso y desde luego tampoco el Auto de la Audiencia identifica ningún instrumento jurídico que marque tal exigencia.

La consecuencia práctica de todo ello, es que los Tribunales españoles han dejado de conocer de un asunto que, en principio, resultaba de su jurisdicción, como es la acción de impugnación de filiación instada por las recurrentes (arts. 21 y 22.3 de la Ley Orgánica del Poder Judicial y art. 36 LEC), al levantarse un óbice de procedibilidad de la acción no contemplado para este ámbito concreto por nuestro ordenamiento, sin concesión alguna al principio pro actione que constitucionalmente ha de inspirar el acceso a la Jurisdicción.

Como tenemos declarado en nuestra STC 61/2000, de 13 de marzo, FJ 5: "negar la posibilidad de obtener un pronunciamiento de los órganos jurisdiccionales españoles sobre el fondo de la pretensión suscitada, cualquiera que fuera el sentido de ese pronunciamiento, en virtud de reglas completamente extrañas a las que expresan el delicado equilibrio constitucionalmente exigible en la determinación de la competencia judicial internacional de nuestros Tribunales, no es que resulte desproporcionado respecto a los fines que justifican la existencia de causas legales que impiden el examen del fondo, sino que supone descartar cualquier relevancia de aquellos fines, tanto como de las reglas concretas que a éstos sirven. La competencia judicial internacional de los Tribunales españoles en el orden civil viene determinada por su regulación legal, es decir, en el art. 22 LOPJ, dejados de lado los diversos convenios internacionales, aquí inaplicables. En tales reglas, y sólo en las mismas, debe buscarse como punto de partida la respuesta a la cuestión de si es posible que nuestros Tribunales conozcan de una determinada pretensión, pues sólo ellas responden a la serie de exigencias que, en algunos casos, puede llevar a la trascendente consecuencia de que el Estado español renuncie a asumir la tutela judicial en un caso concreto"».

ANEXO I.
CASOS PRÁCTICOS

Caso práctico | Impugnación de la filiación de hijo nacido mediante técnicas de reproducción humana asistida

PLANTEAMIENTO

«A» suscribió, en exclusiva, el protocolo de consentimiento informado de técnicas de reproducción humana asistida el 14 de mayo de 2019 en una reconocida clínica de fertilidad. El 10 de junio de 2019, «A» comienza una relación sentimental y convivencia con «B». El referido tratamiento de reproducción humana asistida tuvo éxito y nació «C» el 20 de febrero de 2020. En el momento de practicar la inscripción de su hija «C» en el Registro Civil, el 25 de febrero de 2020, se hizo constar como padre a la pareja de «A», «B».

«A» y «B» finalizan su relación el 16 de mayo de 2020 y «B» pretende impugnar la filiación de «C». ¿Está legitimado «B» para ejercitar la acción de impugnación de la filiación contra «A»?

RESPUESTA

El artículo 7 de la Ley 14/2006, de 26 de mayo, sobre técnicas de reproducción humana asistida, establece que la filiación de los hijos nacidos mediante técnicas de reproducción asistida se regulará por las leyes civiles, a salvo de las especificaciones establecidas en los tres siguientes artículos de la presente ley.

En el supuesto en el que nos encontramos, fecundación asistida con material genético de un tercero donante —solo en el caso de que se haya producido el consentimiento expreso de «B» al tratamiento—, se contemplan especificidades en materia de filiación, previéndose normativamente que la paternidad del nacido corresponde al progenitor que ha prestado el consentimiento, lo que conllevaría la asunción irreversible de las responsabilidades parentales.

El artículo 8 de la Ley 14/2006, de 26 de mayo, sobre técnicas de reproducción humana asistida, considera escrito indubitado el documento extendido ante el centro o servicio autorizado en el que se refleje el consentimiento a la fecundación con contribución de donante prestado por varón no casado con anterioridad a la utilización de las técnicas.

Por tanto, todo ello nos conduce a establecer la inaplicación a este caso de la normativa especial contenida en la referenciada Ley sobre técnicas de reproducción humana asistida, puesto que «B» no ha tenido intervención alguna en el tratamiento, ni, por consiguiente, ha prestado consentimiento formal para su realización, siendo en este caso totalmente ajeno a la decisión de «A» de concebir a su hija «C».

Por consiguiente, en este caso ha de examinarse la viabilidad de la acción de impugnación de filiación paterna extramatrimonial inscrita mediante el denominado «reconocimiento de complacencia» con el consentimiento de «A».

A la vista de todo lo anterior, la respuesta a la pregunta formulada en este caso es que sí, «B» estará legitimado para ejercitar la acción de impugnación de la filiación, ya que es reiterada la jurisprudencia del Tribunal Supremo que establece que privar al autor del reconocimiento de complacencia de la acción de impugnación de la paternidad, fundada en el hecho de no ser el padre biológico del reconocido, carece de base legal en las normas sobre filiación. Si la acción de impugnación de la impugnación prospera, la filiación devendrá ineficaz.

En este caso la acción procedente será la regulada en el artículo 140 del CC al tratarse de una filiación extramatrimonial.

A este respecto, es interesante la lectura de las siguientes sentencias:

- **Sentencia de la Audiencia Provincial de Cantabria, n.º 505/2018, de 26 de septiembre, ECLI:ES:APS:2018:549.**
- **Sentencia del Tribunal Supremo n.º 713/2016, de 28 de noviembre, ECLI:ES:TS:2016:5222.**

Caso práctico | Acción de la filiación no matrimonial, cuando falta la posesión de estado, ejercitada por progenitor en representación del menor. ¿Existe plazo de caducidad de la acción?

PLANTEAMIENTO

El apartado 1 del artículo 133 del Código Civil faculta al hijo para el ejercicio de la acción de la filiación no matrimonial cuando falta la posesión de estado, no encontrándose dicha acción sometida a plazo alguno de caducidad:

«La acción de reclamación de filiación no matrimonial, cuando falte la respectiva posesión de estado, corresponderá al hijo durante toda su vida».

A continuación, el apartado 2 del citado precepto también otorga facultad para el ejercicio de la acción de la filiación no matrimonial a los progenitores. Sin embargo, limita su ejercicio al plazo de un año contado desde que hubieran tenido conocimiento de los hechos en que hayan de basar su reclamación:

«Igualmente podrán ejercitar la presente acción de filiación los progenitores en el plazo de un año contado desde que hubieran tenido conocimiento de los hechos en que hayan de basar su reclamación».

Teniendo en cuenta lo anterior, se nos plantea el siguiente supuesto de hecho:

«A», actuando en nombre y representación legal de su hijo menor «C», formula demanda de juicio verbal contra «O», en la que interesa que se declare la filiación paterna no matrimonial de «O», respecto de «C».

En su contestación a la demanda, «O» se opone a las referidas pretensiones alegando, en lo que aquí nos interesa, la caducidad de la acción por haber transcurrido más de un año desde que la madre demandante cita que tuvo conocimiento del embarazo creyendo firmemente que el demandado era el padre biológico de «C».

¿Prosperará la excepción de caducidad alegada por «O»?

RESPUESTA

No. La excepción de caducidad no prosperará porque «A», progenitora de «C», no actúa en su propio nombre, sino que lo que hace es ejercitar la acción de determinación de la filiación no matrimonial que ostenta su hijo, encontrándose legitimada para ello en virtud de los previsto en el artículo 765 de la Ley de Enjuiciamiento Civil:

> «Las acciones de determinación o de impugnación de la filiación que, conforme a lo dispuesto en la legislación civil, correspondan al hijo menor de edad, podrán ser ejercitadas por su representante legal o por el Ministerio Fiscal, indistintamente».

En consecuencia, **no cabe apreciar la excepción de caducidad** alegada de contra-rio, toda vez que la acción ejercitada por «A» es la acción de la filiación matrimonial correspondiente a su hijo, la cual no se encuentra sometida a plazo de prescripción de acuerdo con el art. 133.1 del CC:

> «La acción de reclamación de filiación no matrimonial, cuando falte la respectiva posesión de estado, corresponderá al hijo durante toda su vida».

Esta es la respuesta dada por los magistrados del Tribunal Supremo en su **sentencia n.º 497/2019, de 27 de septiembre, ECLI:ES:TS:2019:2950**, donde estiman el recurso de casación formulado por la actora contra la sentencia dictada por la audiencia provincial que desestimó su demanda al considerar que había caducado la acción de la madre para reclamar la declaración de paternidad del menor:

> «(...) el legislador a la hora de reformar el artículo 133 CC en el año 2015 no ha modificado lo dispuesto por el artículo 765 de la Ley de Enjuiciamiento Civil , lo que no puede considerarse como un olvido sino, por el contrario, como el reconocimiento de la posibilidad de coexistencia de una legitimación propia para el ejercicio de la acción con la **posibilidad de actuar en representación del hijo menor** o incapacitado, que está **legitimado para el ejercicio de la acción durante toda su vida,** tal como ocurre para el ejercicio de la generalidad **de las acciones que corresponden al menor,** siempre a salvo de un posible conflicto de intereses. Si no se reconociera la legitimación propia del progenitor resultaría imposible el ejercicio de la acción en el caso de fallecimiento del hijo pues ninguna acción podía ejercerse ya en su nombre por representación, pero ello **no impide que** —viviendo el hijo menor de edad— **pueda instarse la declaración de paternidad por la madre actuando en su representación».**

Caso práctico | Impugnación de la filiación por error en el consentimiento (dies a quo)

PLANTEAMIENTO

«A» y «B» mantuvieron una relación sentimental desde el 20 de enero de 2017 hasta el 16 de julio de 2019, si bien, sus encuentros eran esporádicos ya que «A» tiene su residencia en Galicia y «B» en Madrid. El 14 de agosto de 2017 nace «C», que fue inscrita en el Registro Civil como hija de «A» y «B».

En medio de una discusión, posterior a la ruptura de la pareja, el 25 agosto de 2020, «A» insinúa a «B» la posibilidad de que «C» no fuera su hija. A raíz de tal insinuación, «B» y «C» se someten a una prueba biológica de compatibilidad genética el 14 de julio de 2021 en la que el resultado arroja, el mismo día de realización de las mismas, que «B» no es el padre biológico de «C».

«A» mantiene que «B» conocía que «C» no era su hija biológica desde el principio de su relación, ya que cuando se conocieron ella ya estaba embarazada y «B» no desconocía este hecho.

¿Podrá «B» ejercitar la acción de impugnación de la filiación por error o dicha acción ya estará caducada?

RESPUESTA

«B» podrá ejercitar la acción de impugnación del reconocimiento de la filiación de «C» en base al artículo 141 del CC porque se produjo un error en dicho reconocimiento, al haberse efectuado el mismo en la creencia de ser el padre biológico.

El referido artículo 141 del CC precisa que: «La acción de impugnación del reconocimiento realizado mediante error, violencia o intimidación corresponde a quien lo hubiere otorgado. *La acción caducará al año del reconocimiento o desde que cesó el vicio del consentimiento*, y podrá ser ejercitada o continuada por los herederos de aquel, si hubiere fallecido antes de transcurrir el año».

Por lo que, en este caso, podríamos encontrarnos con dos dies a quo. Por un lado, podría interpretarse que el plazo de caducidad de un año empezaría a contar desde el 25 de agosto de 2020, día en que «A» insinúa a «C» que podría no ser el padre biológico de «C», y, en este caso, la acción de impugnación de filiación ya estaría caducada. Por otro lado, el plazo de caducidad empezaría a contar desde el día que tienen lugar las pruebas de compatibilidad biológica —el 14 de julio de 2021—, que dieron como resultado la exclusión de la paternidad biológica de «B». En este último caso, la acción no caducaría hasta el 14 de julio de 2022, transcurrido un año desde las mismas.

En respuesta a la cuestión planteada, es de interés traer a colación la **sentencia del Tribunal Supremo n.º 530/2012, de 19 de julio, ECLI:ES:TS:2012:5677**, que entiende que, a falta de cualquier otra prueba segura que acredite el momento en el que cesó el vicio de voluntad, el documento sobre la prueba biológica es el que determina el dies a quo para el inicio del plazo de caducidad.

Caso práctico | Reclamación de la filiación y cosa juzgada. Verdad biológica *vs* verdad material

PLANTEAMIENTO

«H» fue inscrito en el Registro Civil, encontrándose su filiación únicamente determinada por una línea (la de su madre, «R»).

Posteriormente, su madre «R», actuando en nombre y representación de su hijo menor de edad —«H»—, presenta demanda de reclamación de paternidad no matrimonial contra «J», habiendo terminado el procedimiento con sentencia desestimatoria.

Años más tarde, y tras cumplir su mayoría de edad, «H» interpone demanda de reclamación de filiación paterna no matrimonial en la que aporta, como principio de prueba, las propias declaraciones del padre «J» en cuanto al mantenimiento de relación íntima con la madre «R», así como test heredobiológico que determina una probabilidad de parentesco superior al 99,9 %.

Tras la admisión a trámite de la demanda, la representación procesal de «J» se opone a la misma alegando, entre otras cuestiones y en lo que aquí nos interesa, la excepción de cosa juzgada.

¿Prosperará la excepción alegada o, por el contrario, en materia de filiación, debe prevalecer la verdad biológica sobre la formal?

RESPUESTA

De conformidad con la respuesta dada por nuestros tribunales a supuestos de hecho en los que concurren las circunstancias puestas de manifiesto en el planteamiento expuesto, deberá estimarse la excepción de cosa juzgada, y ello porque **la verdad biológica no tiene, ni mucho menos, un valor absoluto**, sino que, lógicamente, en respeto a las garantías de estabilidad y seguridad que nuestro ordenamiento jurídico propugna, la hipotética verdad material carecerá de cualquier eficacia o relevancia procesal cuando entre en juego la cosa juzgada del artículo 222 de la Ley de Enjuiciamiento Civil:

> «1. La cosa juzgada de las sentencias firmes, sean estimatorias o desestimatorias, excluirá, conforme a la ley, un ulterior proceso cuyo objeto sea idéntico al del proceso en que aquélla se produjo.
>
> 2. La cosa juzgada alcanza a las pretensiones de la demanda y de la reconvención, así como a los puntos a que se refieren los apartados 1 y 2 del artículo 408 de esta Ley.
>
> Se considerarán hechos nuevos y distintos, en relación con el fundamento de las referidas pretensiones, los posteriores a la completa preclusión de los actos de alegación en el proceso en que aquéllas se formularen.
>
> 3. La cosa juzgada afectará a las partes del proceso en que se dicte y a sus herederos y causahabientes, así como a los sujetos, no litigantes, titulares de los derechos que fundamenten la legitimación de las partes conforme a lo previsto en los artículos 11 y 11 bis de esta ley.

En las sentencias sobre estado civil, matrimonio, filiación, paternidad, maternidad y de medidas de apoyo para el ejercicio de la capacidad jurídica, la cosa juzgada tendrá efectos frente a terceros a partir de su inscripción o anotación en el Registro Civil.

Las sentencias que se dicten sobre impugnación de acuerdos societarios afectarán a todos los socios, aunque no hubieren litigado.

4. Lo resuelto con fuerza de cosa juzgada en la sentencia firme que haya puesto fin a un proceso **vinculará al tribunal de un proceso posterior cuando en éste aparezca como antecedente lógico de lo que sea su objeto,** siempre que los litigantes de ambos procesos sean los mismos o **la cosa juzgada se extienda a ellos por disposición legal**».

A TENER EN CUENTA. El art. 222 de la LEC ha sido modificado en su apartado 3 por el Real Decreto-ley 6/2023, de 19 de diciembre, con entrada en vigor el 20 de marzo de 2024.

En consecuencia, en observancia de los requisitos de la cosa juzgada conforme al artículo 222 de la LEC, la acción de reclamación de la filiación ejercitada por «R» en nombre de «H» impide la reproducción de la misma acción en investigación sobre idéntica filiación ejercitada, de forma posterior, por «H».

Puede consultarse, en este sentido, la **sentencia dictada por la Audiencia Provincial de Granada n.º 219/2021, de 21 de junio, ECLI:ES:APGR:2021:961,** que —con cita en la **sentencia de la Audiencia Provincial de Valencia n.º 220/2020, de 6 de mayo, ECLI:ES:APV:2020:1441** (confirmada mediante **auto del Tribunal Supremo, rec. 3060/2020, de 28 de abril, ECLI:ES:TS:2021:5136A**)— se pronuncia en los términos expuestos a lo largo de la respuesta.

Caso práctico | Determinación de la filiación en casos de reproducción asistida en parejas homosexuales

PLANTEAMIENTO

«A» y «B», casadas desde el año 2005 tras la aprobación de la Ley que permite el matrimonio homosexual, deciden tener un hijo. Para ello, acuden a un centro sanitario especializado en técnicas de reproducción asistida, y deciden que será «B» quien se someta a dicho tratamiento.

¿Tiene derecho «A» a que se reconozca como suyo al hijo que nazca?

RESPUESTA

Sí, conforme al art. 7.3 de la Ley sobre técnicas de reproducción humana asistida:

> «3. Cuando la mujer estuviere casada, y no separada legalmente o de hecho, con otra mujer, esta última podrá manifestar conforme a lo dispuesto en la Ley del Registro Civil que consiente en que se determine a su favor la filiación respecto al hijo nacido de su cónyuge».

Al respecto, dice la STS n.º 740/2013, de 5 de diciembre, ECLI:ES:TS:2013:5765:

> «3.- En el régimen de filiación en la aplicación de estas técnicas, el lugar del padre como verdad biológica a que se refiere el Código Civil, lo sustituye la Ley por la voluntad de quien desea ser progenitor. Se posibilita, por tanto, la coexistencia de dos filiaciones a favor de personas del mismo sexo: una filiación materna biológica y una filiación no basada en la realidad biológica, sino en una pura ficción legal, ambas con los mismos efectos jurídicos que la filiación por naturaleza, una vez se hayan cumplimentado los requisitos expuestos, lo que implica que en orden al ejercicio de una acción de reclamación de filiación, no sea necesaria la impugnación de la ya determinada, pues no es contradictoria con la que se establece por ley.
> 4.- Del cumplimiento de esta normativa deriva el conjunto de efectos que comporta en relación a la patria potestad, guarda y custodia, alimentos, apellidos y derechos sucesorios y se dota, en suma, al matrimonio y a los hijos biológicos de una de ellas de la estabilidad que resulta del matrimonio y de la voluntad de la madre y de su pareja de asumir los papeles de progenitores con el preferente interés de los hijos concebidos mediante estas técnicas a partir de una ley que trata de ordenar las relaciones familiares entre el niño nacido y los padres que tuvieron la voluntad de serlo.
> 5.- La remisión a las leyes civiles 'salvo de las especificaciones establecidas en los tres siguientes artículos' que efectua la Ley posibilita además el ejercicio de la acción que aquí se ejercita al amparo del artículo 131 del Código Civil , sobre posesión de estado, que constituye una causa para otorgar la filiación jurídica, aunque no exista el nexo biológico, y que en la práctica queda superada por la prestación del consentimiento para llevar a cabo la técnica de reproduc-

ción asistida, porque ' constituye la voluntad libre y manifestada por ambas litigante del deseo de ser progenitoras', hasta el punto, dice la sentencia recurrida, que 'dicho consentimiento debe ser apreciado aunque la posesión de estado hubiera sido escasa o no suficientemente acreditado como de ordinario se exige. Seguramente por esta razón laLey 14/2006, de 26 de mayo, sobre técnicas de reproducción humana asistida, en su artículo 7, apartado segundo (quiere decir el 8), prescribe que 'Se considera escrito indubitado a los efectos previstos en el artículo 49 de la Ley del Registro Civilel documento extendido ante el centro o servicio autorizado en el que se refleje el consentimiento a la fecundación con contribución de donante prestado por varón no casado con anterioridad a la utilización de las técnicas. Queda a salvo la reclamación judicial de paternidad''.

Es evidente que la posesión de estado integra y refuerza el consentimiento prestado al amparo de esta norma a partir de la cual se crea un título de atribución de la paternidad».

ANEXO II.
FORMULARIOS

Demanda de juicio verbal por impugnación de filiación matrimonial

> **A TENER EN CUENTA.** Por la reforma realizada por la LO 1/2025, de 2 de enero, una vez implantados de forma efectiva los tribunales de instancia (D.T. 1.ª), todas las referencias realizadas a los juzgados unipersonales se entenderán realizadas a las secciones del orden jurisdiccional correspondiente de los tribunales de instancia. En este caso, el artículo 86 de la LOPJ atribuye esta materia a la Sección de Familia, Infancia y Capacidad.

AL JUZGADO DE PRIMERA INSTANCIA [JUZGADO] QUE POR TURNO CORRESPONDA/SECCIÓN DE FAMILIA, INFANCIA Y CAPACIDAD DEL TRIBUNAL DE INSTANCIA DE [ESPECIFICAR] (2)

Don/Doña [NOMBRE_PROCURADOR_CLIENTE] Procurador/a de los Tribunales, colegiado núm. [NÚMERO_COLEGIADO/A] en nombre y representación de don/doña [NOMBRE_CLIENTE], mayor de edad, con DNI/NIE núm. [NÚM. DOCUMENTO], con domicilio a efectos de notificación [DOMICILIO_CLIENTE], según se acredita mediante la copia de la escritura de poder especial para pleitos que, debidamente bantantea-da acompaño y cuya devolución interesa para otros usos, ante el juzgado/la sección comparezco y, como mejor proceda en Derecho, **DIGO:**

Por medio del presente escrito interpongo Demanda de juicio verbal en impugnación de filiación matrimonial de don/doña [NOMBRE], contra don/doña [NOMBRE_PARTECONTRARIA], ex cónyuge de mi principal, en su propio nombre y a su vez en su condición de representante legal del hijo, con domicilio en [DOMICILIO_PARTE-CONTRARIA] y con preceptivo traslado al Ministerio Fiscal, y todo ello con base en los hechos y fundamentos de Derecho que se detallan a continuación.

HECHOS

PRIMERO.- Mi patrocinad/a y la parte demandada contrajeron matrimonio civil en [LOCALIDAD], el día [DIA] de [MES] de [AÑO], el cual obra inscrito en el Registro Civil de [LOCALIDAD], tal como se acredita mediante la certificación del mismo que se acompaña como documento n.º [NUMERO].

SEGUNDO.- Al cabo de [PLAZO] de haber contraído matrimonio, las relaciones entre las partes fueron deteriorándose progresivamente, fruto de la incompatibilidad de caracteres, hasta el extremo de que las continuas disputas y desavenencias contribuyeron a que la convivencia se hiciera cada vez más difícil. Ante esta situación mi mandante y su cónyuge llegaron a la conclusión de que debían separarse de hecho, que fue lo que hicieron; a tal efecto don/doña [NOMBRE_CLIENTE] dejó el domicilio conyugal y alquiló un apartamento en [LOCALIDAD] mientras que la parte demandada continuó residiendo en el domicilio conyugal. Acompañamos a la presente demanda contrato de alquiler suscrito por mi principal como documento n.º [NUMERO].

Asimismo, adjuntamos como documentos n.º [NUMERO] y n.º[NUMERO], certificados del Banco [NOMBRE], acreditativos de la cancelación de las cuentas conjuntas que tenían abiertas los cónyuges.

TERCERO.- Transcurrieron más de [NUM_MESES] meses sin que mi mandante tuviera noticias de su cónyuge, hasta que un día se presentó en el apartamento en el que reside actualmente mi cliente para comunicarle que estaba embarazada y que él era el padre del hijo que estaba esperando, rogándole que volviera al domicilio conyugal. Ni que decir tiene la sorpresa de mi mandante, cuando ya llevaban separados de hecho más de [NUM_MESES] meses y nunca habían tenido intención de tener hijos, tomando a tal efecto, las precauciones oportunas. Mi patrocinado comunicó a su esposa que en principio era mejor que continuaran viviendo por separado como lo habían hecho hasta entonces, aunque él asumiría las responsabilidades que, en su caso, le correspondieran. Tras hacerse pública la noticia del embarazo de doña [NOMBRE_PARTECONTRARIA] entre los amigos y familiares de la pareja, mi mandante tuvo conocimiento de [ESPECIFICAR] (1). Ante esta noticia mi mandante se sumió en un estado de confusión, pues empezó a tener serias dudas sobre su paternidad.

En fecha [DIA] de [MES] de [AÑO], nació a los [PLAZO] meses de haberse producido la separación de hecho entre los consortes, alegando la madre que se había retrasado considerablemente el nacimiento, lo que ya de entrada pone en evidencia que el niño se concibió tras la separación de hecho de los esposos por lo que era imposible que mi poderdante fuera el padre del niño.

Se acompaña como documento n.º [NUMERO], partida literal de nacimiento del menor acaecido el día [DIA] de [MES] de [AÑO] en la Clínica [NOMBRE].

En esta situación, [NOMBRE_CLIENTE] decidió trasladarse unos días a [LOCALIDAD] para reflexionar sobre todo lo acaecido, aprovechando estos días doña [NOMBRE_PARTECONTRARIA] para inscribir el hijo como nacido del matrimonio.

Cuando mi principal regresó a [LOCALIDAD], pidió las correspondientes explicaciones a doña [NOMBRE_PARTECONTRARIA]. Ésta, a pesar de que reconoció que era cierto que [ESPECIFICAR], negó rotundamente que éste fuera el padre de su hijo.

De esta forma, siendo la fecha de la inscripción de la filiación paterna el día [DIA] de [MES] de [AÑO], mi patrocinado ejercita la presente acción antes del transcurso de un año desde la misma, cumpliendo así con lo dispuesto en el artículo 136 del Código Civil. En definitiva, pues, de todo ello puede inferirse claramente que la conducta de la demandada ha sido por completo abusiva y ha estado guiada en todo momento por la mala fe, pues al no haber asumido el padre biológico del menor las obligaciones que como progenitor le correspondían, ha pretendido que la asunción de las mismas corriera a cargo de mi principal, atribuyéndole la condición de progenitor de su hijo.

A los anteriores hechos les son de aplicación los siguientes,

FUNDAMENTOS JURÍDICOS

PRIMERO.- JURISDICCIÓN Y COMPETENCIA

Corresponderá a los juzgados de primera instancia, que por turno correspondan atendiendo al artículo 45 LEC, conocer del fondo del asunto./Corresponderá a la secciones de familia de acuerdo con el art. 86 de la LOPJ conocer del fondo del asunto.

Salvo que se disponga otra cosa, la competencia territorial corresponderá al tribunal del domicilio del demandado y en caso de que no lo tuviera en el territorio nacional, será el Juez competente el de su residencia en dicho lugar artículo 50 LEC.

SEGUNDO.- CAPACIDAD Y LEGITIMACIÓN

Ambas partes se encuentran capacitadas y legitimadas en virtud de los artículos 6 y 10 de la LEC.

TERCERO.- POSTULACIÓN

Esta parte interviene con Procurador (art. 23.1) y Letrado (art. 31.1) debidamente habilitados por sus respectivos colegios profesionales.

CUARTO.- INTERVENCIÓN DEL MINISTERIO FISCAL

Como consecuencia de la especialidad del proceso, tratándose el caso de un proceso de impugnación de la filiación, será parte el Ministerio Fiscal, aunque no haya sido promotor del mismo ni deba asumir la defensa de alguna de las partes (art. 749 LEC).

QUINTO.- PROCEDIMIENTO

El presente procedimiento se tramitará conforme a las normas atinentes al juicio verbal por tratarse de una acción que se enmarca dentro de los procedimientos especiales de los artículos 748 y 753 LEC.

SEXTO.- FONDO DEL ASUNTO

Invocamos el artículo 136.1 del Código Civil, que dispone expresamente que «El marido podrá ejercitar la acción de impugnación de la paternidad en el plazo de un año contado desde la inscripción de la filiación en el Registro Civil. Sin embargo, el plazo no correrá mientras el marido ignore el nacimiento».

Hacemos una interpretación sensu contrario del artículo 116 del Código Civil: «Se presumen hijos del marido los nacidos después de la celebración del matrimonio y antes de los trescientos días siguientes a su disolución o a la separación legal o de hecho de los cónyuges». Asimismo, el art. 118 del Código Civil sensu contrario: «Aun faltando la presunción de paternidad del marido por causa de la separación legal o de hecho de los cónyuges, podrá inscribirse la filiación como matrimonial si concurre el consentimiento de ambos».

SÉPTIMO.- COSTAS

Que de acuerdo con el artículo 394 de la LEC se impongan a la parte contraria.

En su virtud,

AL JUZGADO/A LA SECCIÓN SUPLICO:

Que tenga por presentada demanda de juicio verbal impugnación de filiación matrimonial contra Don/Doña [NOMBRE_PARTECONTRARIA] esposa de mi principal, en su propio nombre y a la vez en su condición de representante legal de su hijo [NOMBRE] con el domicilio real antes expuesto, que se proceda a admitir esta demanda, se de traslado de la misma a la parte demandada en el domicilio establecido y con las copias simples que se acompañan, emplazándole para que comparezca y la conteste en el plazo que se establezca, bajo apercibimiento de ley, y que se prosiga con el procedimiento y se dicte sentencia estimatoria de la pretensión por la que se declare que:

Mi mandante, don [NOMBRE_CLIENTE], no es el padre biológico del menor, [NOMBRE].

No corresponde a mi principal ningún derecho/deber que la paternidad impone, en relación al menor indicado.

En consecuencia, procede remitir al juez encargado del Registro Civil de [LOCALIDAD] para que cancele el asiento relativo a la inscripción del menor, respecto del cual aparece como progenitor mi principal, Don [NOMBRE_CLIENTE]. Todo ello, con imposición de costas a la adversa si se opusiese.

Por ser justicia que se pide en [LOCALIDAD] a [DIA] de [MES] de [AÑO].

Firma Abogado/a

[FIRMA]

Firma Procurador/a

[FIRMA]

OTROSÍ DIGO: al amparo de la STC 138/2005, de 26 de mayo, ECLI:ES:TC:2005:138 y de la STC 156/2005, de 9 de junio, ECLI:ES:TC:2005:156, que reconocen el principio de investigación de paternidad, ubicado en el artículo 39 de la CE, solicito la práctica de la prueba genérica o biológica que se encuentra constitucional y legalmente admitida, en base al artículo 767 LEC. Buscando la adecuación de la verdad jurídica a la verdad biológica.

Por ello,

AL JUZGADO/A LA SECCIÓN SUPLICO:

Se tenga por hecha la manifestación anterior y se realice la prueba solicitada por esta parte.

Por ser justicia que se pide en lugar y fecha ut supra.

Firma Abogado/a

[FIRMA]

Firma Procurador/a

[FIRMA]

---

(1) Hecho por el que se duda de la paternidad del cliente.
(2) Por la reforma realizada por la LO 1/2025, de 2 de enero, una vez implantados de forma efectiva los tribunales de instancia (D.T. 1.ª), todas las referencias realizadas a los juzgados unipersonales se entenderán realizadas a las secciones del orden jurisdiccional correspondiente de los tribunales de instancia. En este caso, el art. 86 de la LOPJ atribuye esta materia a la Sección de Familia, Infancia y Capacidad.

Contestación a la demanda de juicio verbal por reclamación de filiación no matrimonial

> **A TENER EN CUENTA.** Por la reforma realizada por la LO 1/2025, de 2 de enero, una vez implantados de forma efectiva los tribunales de instancia (D.T. 1.ª), todas las referencias realizadas a los juzgados unipersonales se entenderán realizadas a las secciones del orden jurisdiccional correspondiente de los tribunales de instancia. En este caso, el art. 86 de la LOPJ atribuye esta materia a la Sección de Familia, Infancia y Capacidad.

AL JUZGADO DE PRIMERA INSTANCIA N.º [NÚMERO] **DE** [LOCALIDAD]/**SECCIÓN DE FAMILIA, INFANCIA Y CAPACIDAD DEL TRIBUNAL DE INSTANCIA DE** [ESPECIFICAR] **(1)**

Don/Doña [NOMBRE_PROCURADOR_CLIENTE] procurador/a de los Tribunales, colegiado/a n.º [NÚMERO_COLEGIADO/A] en nombre y representación de don/doña [NOMBRE_CLIENTE], mayor de edad, con DNI/NIE n.º [NÚMERO_DOCUMENTO], con domicilio a efectos de notificación [DOMICILIO_CLIENTE], según se acredita mediante la copia de la escritura de poder para pleitos que acompaño, ante el Juzgado/la sección comparezco y, como mejor proceda en Derecho, que cumplimiento con las instrucciones recibidas, **DIGO**:

Que, habiéndose dado traslado a esta parte de la demanda de juicio verbal en reclamación de la filiación del hijo de la demandante, por medio del presente escrito y en el plazo de 10 días conferido a tal efecto, vengo a formular CONTESTACIÓN A LA DEMANDA DE JUICIO VERBAL, por los motivos de oposición que a continuación se establecen en las siguientes

ALEGACIONES

PRIMERA.- Sobre la carga de la prueba

Hemos de partir de que la prueba aportada por la parte actora (fotografías de un viaje de mi mandante y ella juntos con otras personas, un contrato de arrendamiento...) en modo alguno prueban la existencia de un hijo en común, tal y como la demandante pretende hacer creer a S.S.ª y a esta parte.

En este sentido la carga de la prueba pertenece a la actora ex art. 217 de la LEC, apartado 5.

SEGUNDA.- Sobre los hechos que dan lugar a la ausencia de relación entre las partes

[DESCRIBIR]

A los anteriores hechos resultan de aplicación los siguientes

FUNDAMENTOS DE DERECHO

I.- JURÍDICO-PROCESALES

Esta parte se muestra conforme con los correlativos.

II.- JURÍDICO MATERIALES: FONDO DEL ASUNTO

Mi mandante no está obligado a reconocer a un hijo que desconoce si es suyo o no.

Sobre este particular, es muy ilustrativa la STS n.º 494/2016, de 15 de julio, ECLI:ES:TS:2016:3192, que hace una clara distinción entre el reconocimiento de complacencia y el reconocimiento «por conveniencia», disponiendo que lo que caracteriza a los reconocimientos de complacencia es que el autor del reconocimiento, sabiendo o teniendo la convicción de que no es el padre biológico del reconocido, declara su voluntad de reconocerlo con el propósito práctico de tenerlo como hijo biológico suyo, con la finalidad jurídica de constituir entre ambos una relación jurídica de filiación paterna como la que es propia de la paternidad por naturaleza. Eso diferencia radicalmente los reconocimientos de complacencia de los denominados reconocimientos «de conveniencia» ya que estos tienen como finalidad crear una mera apariencia de que existe dicha relación de filiación, en orden de conseguir la consecuencia jurídica favorable de una norma, por ejemplo, sobre nacionalidad, permisos de residencia, beneficios sociales, etcétera, cuyo supuesto de hecho la requiere.

Asimismo, sobre este extremo, tiene la parte actora la facilidad y carga probatoria, ex art. 217 LEC:

> «5. En aquellos procesos en los que las alegaciones de la parte actora se fundamenten en actuaciones discriminatorias por razón del sexo, la orientación e identidad sexual, expresión de género o las características sexuales, y aporte indicios fundados sobre su existencia, corresponderá a la parte demandada la aportación de una justificación objetiva y razonable, suficientemente probada, de las medidas adoptadas y de su proporcionalidad.
>
> A los efectos de lo dispuesto en el párrafo anterior, el órgano judicial, de oficio o a instancia de parte, podrá recabar informe o dictamen de los organismos públicos competentes».

Por lo expuesto,

SUPLICO AL JUZGADO/A LA SECCIÓN:

Tenga por presentado este escrito de contestación, actúe de conformidad.

Es justicia. En [LOCALIDAD], a [FECHA]

[FIRMA-ABOGADO] [FIRMA-PROCURADOR]

---

(1) Por la reforma realizada por la LO 1/2025, de 2 de enero, una vez implantados de forma efectiva los tribunales de instancia (D.T. 1.ª), todas las referencias realizadas a los juzgados unipersonales se entenderán realizadas a las secciones del orden jurisdiccional correspondiente de los tribunales de instancia. En este caso, el art. 86 de la LOPJ atribuye esta materia a la Sección de Familia, Infancia y Capacidad.

Demanda sobre reclamación de la filiación paterna no matrimonial ejercitada por el presunto padre

---

A TENER EN CUENTA. Por la reforma realizada por la LO 1/2025, de 2 de enero, una vez implantados de forma efectiva los tribunales de instancia (D.T. 1.ª), todas las referencias realizadas a los juzgados unipersonales se entenderán realizadas a las secciones del orden jurisdiccional correspondiente de los tribunales de instancia. En este caso, el artículo 86 de la LOPJ atribuye esta materia a la Sección de Familia, Infancia y Capacidad.

AL JUZGADO DE PRIMERA INSTANCIA N.º [NUMERO] **DE** [LOCALIDAD]/**SECCIÓN DE FAMILIA, INFANCIA Y CAPACIDAD DEL TRIBUNAL DE INSTANCIA DE** [ESPECIFICAR]

Don/Doña [NOMBRE_PROCURADOR], procurador de los Tribunales en nombre y representación de don/doña [DATOS_CLIENTE] cuya representación acredito mediante la escritura pública de poder que adjunto como **Documento n.º** [NUMERO] y bajo la dirección letrada de don/dona [NOMBRE_LETRADO] colegiado/a n.º [NUMERO_COLEGIADO] del Ilustre Colegio de Abogados de [LOCALIDAD] como mejor en derecho proceda, **DIGO:**

Que por medio del presente escrito, vengo a interponer **DEMANDA DE DETERMINACIÓN LEGAL DE LA FILIACIÓN NO MATRIMONIAL** de don/doña [NOMBRE_CLIENTE] dirigiéndose la presente demanda contra don/doña [DATOS_DEMANDADA] de acuerdo con lo establecido en los **artículos 748 y 764 de la Ley de Enjuiciamiento Civil**, todo ello con base en los siguientes,

HECHOS

PRIMERO.- La demandada es la madre de [ESPECIFICAR] cuya filiación se pretende.

Dicha circunstancia aparece así acreditada por la aportación junto con esta demanda, la certificación de nacimiento de [ESPECIFICAR] expedida por el Registro Civil de [LOCALIDAD] como **Documento n.º** [NUMERO].

SEGUNDO.- Mi mandante mantuvo durante [ESPECIFICAR] años una relación no matrimonial con la demandada. Durante [ESPECIFICAR] años ambas partes compartieron domicilio, tal y como se acredita con el contrato de arrendamiento suscrito por las partes que se adjunta como **Documento n.º** [NUMERO].

Esta relación fue duradera y pública tal y como se demuestra con las diversas fotografías que se adjuntan a la demanda como **Documento n.º** [NUMERO] en las que se ve a las partes compartiendo diferentes momentos familiares, como navidades y vacaciones.

TERCERO.- Durante la referida relación las partes concibieron un hijo/a.

Cabe mencionar que durante los primeros meses de gestación las partes acudían juntas a todas las revisiones médicas del embarazo.

En fecha [ESPECIFICAR], [ESPECIFICAR] antes de dar a luz, la demandada abandonó el hogar de la pareja, y una vez dio a luz negó tajantemente la paternidad del actor, hasta el punto de practicar la inscripción, determinando exclusivamente la maternidad del niño.

CUARTO.- Mi mandante muestra desde este momento su conformidad al sometimiento a las pruebas biológicas sobre paternidad.

A los anteriores hechos le son de aplicación los siguientes,

FUNDAMENTOS DE DERECHO

I.- JURISDICCIÓN Y COMPETENCIA

Corresponde al órgano al que me dirijo en virtud del artículo 4 y concordantes de la Ley Orgánica del Poder Judicial y **artículo 36 de la Ley de Enjuiciamiento Civil**.

Y, además, conforme al **artículo 22 quater de la Ley Orgánica del Poder Judicial** que establece que, en el orden civil, los tribunales españoles serán competentes en materia de filiación y de relaciones paterno-filiales, cuando el hijo tenga su residencia habitual en España al tiempo de la demanda o el demandante sea español o resida habitualmente en España.

La competencia objetiva corresponde a los Juzgados de Primera Instancia conforme al **artículo 45 de la Ley de Enjuiciamiento Civil.**/La competencia objetiva corresponderá a las secciones de familia de los tribunales de instancia conforme el art. 86 de la LOPJ.

En cuanto a la competencia territorial, es competente el juzgado/sección al que me dirijo, en virtud del artículo 50.1 de la Ley de Enjuiciamiento Civil, por ser el del domicilio del demandado.

II.- CAPACIDAD

Mi mandante está capacitada para el presente procedimiento, a tenor de los **artículos 6 y 7 de la Ley de Enjuiciamiento Civil** , por ser persona física y hallarse en pleno ejercicio de sus derechos civiles, sin que concurra causa alguna que le inhabilite para ello.

III.- LEGITIMACIÓN

Mi mandante ostenta legitimación activa para el conocimiento de este proceso, ya que ejercita la pretensión de reconocimiento de la paternidad, de acuerdo con el art. 133 del Código Civil, por remisión del **artículo 764 de la Ley de Enjuiciamiento Civil**.

La demandada ostenta legitimación pasiva en este proceso, al amparo del **artículo 766 de la Ley de Enjuiciamiento Civil**, de conformidad con el cual en los procesos sobre determinación de la filiación, serán parte demandada, las personas a las que se atribuya la condición de progenitores.

IV.- REPRESENTACIÓN PROCESAL Y DEFENSA LETRADA

La demandante litiga representada por procurador y asistida de abogado, conforme exige el **artículo 750.1 de la Ley de Enjuiciamiento Civil**.

V.- PROCEDIMIENTO

Dispone el **artículo 748 de la Ley de Enjuiciamiento Civil** que se aplicarán las disposiciones del Título I del Libro IV de dicha norma a los procesos de filiación, paternidad y maternidad.

Y el **artículo 753 de la Ley de Enjuiciamiento Civil**:

«1. Salvo que expresamente se disponga otra cosa, los procesos a que se refiere este título se sustanciarán por los trámites del juicio verbal. El letrado o letrada de la Administración de Justicia dará traslado de la demanda al Ministerio Fiscal, cuando proceda, y a las demás personas que, conforme a la ley, deban ser parte en el procedimiento, hayan sido o no demandados, emplazándoles para que la contesten en el plazo de veinte días, conforme a lo establecido en el artículo 405.

Cuando se presente ante un juzgado civil una demanda relativa a los procesos a que se refiere este título, de la que pueda ser competente por razón de la materia un juzgado de violencia sobre la mujer conforme a lo dispuesto por la Ley Orgánica 6/1985, de 1 de julio, del Poder Judicial, se recabará la oportuna consulta al sistema de registros administrativos de apoyo a la Administración de Justicia, así como al sistema de gestión procesal correspondiente a fin de verificar la competencia conforme al artículo 49 bis de esta ley.

La consulta al sistema de registros administrativos de apoyo a la Administración de Justicia y al sistema de gestión procesal correspondiente se reiterará antes de la celebración de la vista o comparecencia del procedimiento contencioso o de jurisdicción voluntaria o del acto de ratificación de los procedimientos de mutuo acuerdo.

Del mismo modo, en el decreto de admisión, se requerirá a las partes para que comuniquen, en el plazo de cinco días, si existen o han existido procedimientos de violencia sobre la mujer entre los cónyuges o progenitores, su estado procesal actual, y si constan adoptadas medidas civiles o penales. Igualmente se advertirá a ambas partes de la obligación de comunicar inmediatamente cualquier procedimiento que inicien ante un juzgado de violencia sobre la mujer durante la tramitación del procedimiento civil, así como cualquier incidente de violencia sobre la mujer que se produzca.

2. En la celebración de la vista de juicio verbal en estos procesos y de la comparecencia a que se refiere el artículo 771 de la presente ley, una vez practicadas las pruebas el Tribunal permitirá a las partes formular oralmente sus conclusiones, siendo de aplicación a tal fin lo establecido en los apartados 2, 3 y 4 del artículo 433.

3. Los procesos a los que se refiere este título serán de tramitación preferente siempre que alguno de los interesados en el procedimiento sea menor, persona con discapacidad con medidas judiciales de apoyo en las que se designe un apoyo con funciones representativas, o esté en situación de ausencia legal» (1).

VI.- INTERVENCIÓN DEL MINISTERIO FISCAL

Debe ser parte el Ministerio Fiscal por establecerlo así el **artículo 749 de la Ley de Enjuiciamiento Civil**:

«En los procesos sobre la adopción de medidas judiciales de apoyo a las personas con discapacidad, en los de nulidad matrimonial, en los de sustracción internacional de menores y en los de determinación e impugnación de la filiación, será siempre parte el Ministerio Fiscal, aunque no haya sido promotor de los mismos ni deba, conforme a la ley, asumir la defensa de alguna de las partes. El Ministerio Fiscal velará a lo largo de todo el procedimiento por la salvaguarda de la voluntad, deseos, preferencias y derechos de las personas con discapacidad que participen en dichos procesos, así como por el interés superior del menor».

VII.- FONDO DEL ASUNTO

De acuerdo con el relato fáctico de la demanda, así como con los documentos aportados y de la prueba que, una vez admitida, habrá de practicarse, parece claro que a la presente demanda se acompaña un amplio principio de prueba que ha de permitir al Juzgador admitir la presente demanda y continuar con la tramitación del proceso, así como determinar la filiación de mi mandante respecto de [NOMBRE_DEMANDADA].

De acuerdo con el **artículo 39.2 de la Constitución** los poderes públicos aseguran la protección integral de los hijos, iguales estos ante la Ley con independencia de su filiación y de la madre, cualquiera que sea su estado civil. La Ley posibilitará la investigación de la paternidad. Esta declaración constitucional, unida al carácter de orden público que gobierna los procesos de determinación de la filiación, ha permitido al legislador ordinario introducir en nuestro ordenamiento jurídico la dicción del **artículo. 767.2 de la Ley de Enjuiciamiento Civil**, a cuyo tenor, en los juicios sobre filiación será admisible la investigación de la paternidad y de la maternidad mediante toda clase de pruebas, incluidas las biológicas.

«2.En los juicios sobre filiación será admisible la investigación de paternidad y de la maternidad mediante toda clase de pruebas, incluidas las biológicas».

En este sentido se pronuncia la **sentencia n.º 230/2018, Audiencia Provincial de Baleares, de 24 de mayo, ECLI:ES:APIB:2018:1070:**

> «El Tribunal Constitucional, en sentencia 273/2005, de 27 de octubre , declaró que la privación del progenitor para reclamar la filiación no matrimonial faltando la posesión de estado es incompatible con el mandato de investigación de paternidad (art. 39.2 CE) y con el derecho a la tutela judicial efectiva (art. 24 CE).
> Debía, sin embargo, ser el legislador quien regulara con carácter general la legitimación de los progenitores para reclamar la filiación no matrimonial en los casos de falta de posesión de estado, con inclusión, en su caso de los requisitos que se estimen pertinentes para impedir la utilización abusiva de dicha vía de determinación de la filiación».

VIII.- INSCRIPCIÓN DE LA SENTENCIA

Conforme al **artículo 755 de la Ley Enjuiciamiento Civil**, la sentencia que recaiga en este proceso deberá ser comunicada al Registro Civil de [LOCALIDAD] igualmente, podrá indicarse la procedencia de comunicación a otros registros públicos.

Por lo expuesto,

SOLICITO AL JUZGADO/A LA SECCIÓN:

Tenga por presentado este escrito, con sus documentos y copias de todo ello, se sirva admitirlo y a mi por comparecido en nombre y representación de mi mandante, y por propuesto este escrito de DEMANDA DE DETERMINACIÓN DE LA FILIACIÓN NO MATRIMONIAL y, previos los trámites legales, dicte sentencia por la que declare:

- La filiación no matrimonial del menor [DATOS_HIJO] como hijo no matrimonial de [NOMBRE_CLIENTE] y [NOMBRE_DEMANDADA].

Es justicia en [LOCALIDAD] a [FECHA].

Letrado/a [NOMBRE Y FIRMA DE LETRADO] Procurador/a [NOMBRE Y FIRMA PROCURADOR]

PRIMER OTROSÍ DIGO: que, al amparo de lo dispuesto en los artículos 752, (2) 759 y 293.1 de la Ley de Enjuiciamiento Civil se considera conveniente la práctica de la prueba anticipada al acto de la vista, que deberá de consistir en:

- Pericial: prueba biológica de paternidad de [ESPECIFICAR] con respecto a [NOMBRE_HIJO]

- Documental: [ESPECIFICAR]

- Testifical: [ESPECIFICAR]

En su virtud,

SOLICITO DEL JUZGADO/DE LA SECCIÓN:

Tenga por hecha la anterior manifestación a los efectos oportunos.

Es justicia en fecha y lugar ut supra.

Letrado/a [NOMBRE Y FIRMA DE LETRADO] Procurador/a [NOMBRE Y FIRMA PROCURADOR]

SEGUNDO OTROSÍ DIGO: al amparo de lo dispuesto por los **artículos 752 y 759 de la Ley de Enjuiciamiento Civil**, se propone la práctica de la siguiente prueba para el acto de la vista:

- Pericial: prueba biológica de paternidad de [ESPECIFICAR] con respecto a [NOMBRE_HIJO]

- Documental: [ESPECIFICAR]

- Testifical: [ESPECIFICAR]

Por lo anterior,

SOLICITO DEL JUZGADO/DE LA SECCIÓN:

Tenga por hecha la anterior manifestación a los efectos oportunos.

Es justicia en fecha y lugar ut supra.

Letrado/a [NOMBRE Y FIRMA DE LETRADO] Procurador/a [NOMBRE Y FIRMA PROCURADOR]

TERCER OTROSÍ DIGO: de acuerdo con el **artículo 755 de la Ley de Enjuiciamiento Civil,** y para el supuesto de que la sentencia sea estimatoria, esta parte interesa la comunicación de la **sentencia al Registro Civil de** [LOCALIDAD], **para la práctica de los asientos que procedan.**

Por lo expuesto,

SOLICITO DEL JUZGADO/DE LA SECCIÓN:

Tenga por hecha la anterior manifestación a los efectos oportunos.

Es justicia en fecha y lugar ut supra.

Letrado/a [NOMBRE Y FIRMA DE LETRADO] **Procurador/a** [NOMBRE Y FIRMA PROCURADOR]

---

(1) El RD-ley 6/2023, de 19 de diciembre, modifica el apartado primero del artículo 753 de la LEC con entrada en vigor el 20/03/2024.

(2) El RD-ley 6/2023, de 19 de diciembre, modifica el apartado primero del artículo 752 de la LEC con entrada en vigor el 20/03/2024.

(3) Por la reforma realizada por la LO 1/2025, de 2 de enero, una vez implantados de forma efectiva los tribunales de instancia (D.T. 1.ª), todas las referencias realizadas a los juzgados unipersonales se entenderán realizadas a las secciones del orden jurisdiccional correspondiente de los tribunales de instancia. En este caso, el art. 86 de la LOPJ atribuye esta materia a la Sección de Familia, Infancia y Capacidad.

Demanda de juicio verbal de reclamación e impugnación de la filiación

A TENER EN CUENTA. Por la reforma realizada por la LO 1/2025, de 2 de enero, una vez implantados de forma efectiva los tribunales de instancia (D.T. 1.ª), todas las referencias realizadas a los juzgados unipersonales se entenderán realizadas a las secciones del orden jurisdiccional correspondiente de los tribunales de instancia. En este caso, el art. 86 de la LOPJ atribuye esta materia a la Sección de Familia, Infancia y Capacidad.

AL JUZGADO DE PRIMERA INSTANCIA DE [LOCALIDAD] **QUE POR TURNO CORRESPONDA/SECCIÓN DE FAMILIA, INFANCIA Y CAPACIDAD DEL TRIBUNAL DE INSTANCIA DE** [ESPECIFICAR] **(8)**

Don/Doña [NOMBRE_PROCURADOR_CLIENTE] procurador/a de los Tribunales, colegiado/a núm. [NÚMERO_COLEGIADO/A] en nombre y representación de don [NOMBRE_CLIENTE], mayor de edad, con DNI/NIE núm. [NÚM. DOCUMENTO], con domicilio a efectos de notificación [DOMICILIO_CLIENTE], y doña [NOMBRE_CLIENTE], mayor de edad, con DNI/NIE núm. [NÚM. DOCUMENTO], con domicilio a efectos de notificación [DOMICILIO_CLIENTE], según se acredita mediante la copia de la escritura de poder especial para pleitos que, debidamente bastanteada, acompaño y cuya devolución intereso para otros usos, ante el Juzgado comparezco y, como mejor proceda en Derecho, que cumplimiento con las instrucciones recibidas, DIGO:

Que en la representación que ostento interpongo **demanda de juicio verbal en impugnación y reclamación de filiación y pretensiones derivadas y complementarias que constan en el Suplico** y que dirijo contra don [NOMBRE_PARTECONTRARIA] con domicilio en [DOMICILIO_PARTECONTRARIA] de la ciudad de [CIUDAD] a efectos de notificaciones y comunicaciones procesales, basándome en los Hechos y Fundamentos de Derecho que a continuación se detallan.

Mis mandantes, don [NOMBRE_CLIENTE], y doña [NOMBRE_CLIENTE], con DNI [NIF_CIF_DNI_CLIENTE], domicilio en [DOMICILIO_CLIENTE], teléfono [NUMERO], se constituyen en una sola parte procesal, como después se justificará y actúan todos ellos asistidos por el/la abogado/a Don/Doña [NOMBRE_ABOGADO_CLIENTE].

HECHOS

PRIMERO.- [EXPONER LOS HECHOS DEL CASO CONCRETO]

SEGUNDO.- La sentencia que habrá de dictarse, declarará la paternidad de Don [NOMBRE] y por ello la filiación del/de la menor Don/Doña [NOMBRE], resultará establecida con las circunstancias dispuestas en los números 3 y 4 del artículo 120 del Código Civil atrayendo así la aplicación del artículo 119 del Código Civil, por el cual el/

la menor [NOMBRE] adquirirá la condición de hijo/a matrimonial de sus progenitores/ as Don [NOMBRE_CLIENTE] y Doña [NOMBRE_CLIENTE].

A los anteriores hechos les son de aplicación los siguientes,

FUNDAMENTOS DE DERECHO

I.- JURISDICCIÓN Y COMPETENCIA

Corresponderá a los Juzgados de Primera Instancia, que por turno correspondan atendiendo al artículo 45.1 LEC., conocer del fondo del asunto./Corresponderá a las secciones de familia del tribunal de instancia conforme al art. 86 de la LOPJ, conocer del fondo de asunto.

Salvo que se disponga otra cosa, la competencia territorial corresponderá al tribunal del domicilio del demandado y en caso de que no lo tuviera en el territorio nacional, será el Juez competente el de su residencia en dicho lugar artículo 50.1 LEC.

II.- CAPACIDAD Y LEGITIMACIÓN

Ambas partes se encuentran capacitadas y legitimadas en virtud de los artículos 6 y 10 de la LEC. (1)

El artículo 766 de la LEC, define como parte demandada (legitimación pasiva).

III.- POSTULACIÓN

Esta parte interviene con procurador/a (art. 23.1 de la LEC) y letrado/a (art. 31.1 de la LEC) debidamente habilitados por sus respectivos colegios profesionales.

Conforme al artículo 750 de la Ley de Enjuiciamiento Civil, las partes actuarán con asistencia de abogado/a y representadas por procurador/a, al tratarse de un procedimiento de reclamación de filiación.

IV.- INTERVENCIÓN DEL MINISTERIO FISCAL

Como consecuencia de la especialidad del proceso, tratándose el caso de un proceso de reclamación de la filiación, será parte el Ministerio Fiscal, aunque no haya sido promotor del mismo ni deba asumir la defensa de alguna de las partes (art. 749 de la LEC). (2)

V.- PROCEDIMIENTO

El presente procedimiento se tramitará conforme a las normas atinentes al juicio verbal por tratarse de una acción que se enmarca dentro de los procedimientos especiales de los artículos 748 y 753 LEC. (3)

Los artículos 437 y siguientes de la Ley de Enjuiciamiento Civil las normas del juicio verbal. (7)

VI.- FONDO DEL ASUNTO

La consagración del principio de libre investigación de la paternidad y la filiación:

Sentencia Audiencia Provincial de Cáceres n.º 14/2007, de 15 de enero, ECLI:ES:APCC:2007:46:

> «El derecho del hijo a conocer su origen biológico adquiere tal relevancia que, incluso, la propia Constitución Española exhorta al legislador a que se

posibilite la investigación de la paternidad (artículo 39). Pero no sólo eso, principio también rector de la actuación de los poderes públicos es asegurar la protección integral de los hijos. Concretamente, la Constitución establece que los hijos, con independencia de su filiación, son iguales ante la Ley y tienen derecho a ser asistidos por sus padres hayan nacido dentro o fuera del matrimonio. Y es que el derecho a conocer la propia filiación biológica, incluso con independencia de la jurídica, se erige como un derecho de la personalidad que no puede ser negado a la persona sin quebrantar el derecho a la identidad personal y cuyo fundamento hay que buscar en la dignidad de la persona y en el desarrollo de la personalidad (artículo 10.1 de la Constitución Española)».

Porque el principio de libre investigación de la paternidad esta consagrado y reconocido en la Constitución Española (artículo 39 de la Constitución Española) y al haber alcanzado éste vigencia en virtud del expreso asentimiento del pueblo español, es evidente que existe aquella conciencia social y realidad a las que se refiere el artículo 3 del Código Civil, al definir cómo deben aplicarse las leyes; resulta claro, pues, que debe admitirse en el más amplio sentido el principio de libre investigación de la paternidad o lo que es lo mismo de pleno respeto a la realidad biológica por encima de la aparente realidad tabular o formal.

Este principio que significa que el padre jurídico, salvo en los supuestos de adopción, es el padre biológico, tal y como se desprende del artículo 767 de la Ley de Enjuiciamiento Civil.

Cabe hacer especial mención al 134 del Código Civil: «El ejercicio de la acción de reclamación, conforme a los artículos anteriores, por el hijo o el progenitor, permitirá en todo caso la impugnación de la filiación contradictoria». Cuando se ejercitan acumuladamente ambas acciones se considera como principal la ejercitada en reclamación de filiación y que la acción de impugnación de la filiación registral es accesoria de aquella otra, pues su razón de ser está en que sólo puede tener lugar como con secuencia de la declaración de la filiación pedida por la imposibilidad de subsistencia conjunta sentencia **Audiencia Provincial de Las Palmas n.° 156/2007, de 28 de marzo, ECLI:ES:APGC:2007:720.**

El ejercicio conjunto de las acciones de reclamación de la paternidad y de la impugnación de la filiación contradictoria, hoy plenamente permitida, según el tenor literal del artículo 134 (sin entrar, en cuestiones acerca de si cobija dos pretensiones acumuladas o una sola pretensión con varios componentes), exige, en todo caso, en un buen orden lógico procesal la supeditación de la segunda a la primera, dado el carácter principal de esta última que embebe en su contenido a la otra cuando existe una filiación opuesta a la reclamada, según ha resuelto la jurisprudencia de esta Sala (STS n.° 465/1988, de 3 junio. ECLI:ES:TS:1988:10368).

STS n.° 113/1990 de 23 de febrero. ECLI:ES:TS:1990:12935:

«..., ya que el propio artículo 134 permite, sin paliativos, la impugnación de la filiación contradictoria en todo caso, expresión ésta tan elocuente, que permite colegir que siempre que la acción de reclamación se ejercite por el hijo o el progenitor, es factible la impugnación de una filiación contradictoria ya determinada, conviniendo así en la tesis favorable a que el progenitor no matrimonial pueda acogerse a lo establecido en el artículo 134, deviniendo avalada por el principio de veracidad biológica o en el de posesión del estado del hijo como no matrimonial para coincidir así con la realidad sociológica».

STS n.° 465/1988, de 3 junio. ECLI:ES:TS:1988:10368:

«Y la acción de reclamación ejercitada por el hijo o por uno de sus progenitores «permitirá en todo caso la impugnación de la filiación contradictoria» (art. 134.1); lo que significa, en cuanto ahora interesa, por un lado, que la impugnación es accesoria de la reclamación por ser ambas contradictorias y no poder subsistir conjuntamente, y, por otro lado, que ene modo alguno puede admitirse aplicar a la acción de reclamación, como acción principal, el plazo de prescripción o de caducidad que señala el artículo 137 del mismo Código Civil para la de impugnación».

Por lo tanto, se tendrán en consideración los artículos 131 a 134 del Código Civil, (4) en relación a la reclamación de filiación como proceso principal junto con los artículos 764 a 768 de la Ley de Enjuiciamiento Civil (5) en relación a las acciones de filiación; y de forma accesoria al procedimiento principal los artículos 136 a 141 del Código Civil, en relación a la impugnación de filiación. (6)

VII.- COSTAS

Las costas procesales deben ser impuestas a la parte demandada, por criterio del íntegro vencimiento en atención al artículo 394 de la LEC.

Por lo expuesto,

SUPLICO AL JUZGADO/A LA SECCIÓN:

Se sirva tenerme por comparecido y parte en la representación que ostento, por deducida por todos mis representados, demanda de juicio verbal contra [NOMBRE_PARTECONTRARIA] y en interés y representación de la menor [NOMBRE], tener por deducida la presente demanda y admitirla junto con los documentos acompañados a la misma, emplazar al Ministerio Fiscal que la conteste y seguir el procedimiento por todos su trámites, hasta dictar Sentencia por la que se declare que:

El padre biológico de la menor [NOMBRE] nacida el día [DIA] de [MES] de [AÑO] y que es formalmente conocida por el nombre de [NOMBRE] es Don [NOMBRE_CLIENTE].

Don [NOMBRE_PARTECONTRARIA] no es el padre biológico y real de la menor [NOMBRE] y por ello procede, emitiendo al efecto los consiguientes mandamientos al Ilmo. Sr. Juez encargado del Registro Civil de [LOCALIDAD], que haga constar la paternidad de Don [NOMBRE_CLIENTE], con la consiguiente cancelación que expresamente se solicita de los asientos contradictorios en los que conste la paternidad de Don [NOMBRE_CLIENTE] y la cancelación también de cualesquiera otros asimismo contradictorios que puedan existir, debiendo constar en su consecuencia —y a tal fin se expedirá el consiguiente mandamiento— como primer apellido de la indicada menor [NOMBRE] y no el de [NOMBRE] permaneciendo igual el nombre y segundo apellido que ahora constan.

Corresponden a Don [NOMBRE_CLIENTE], todos los derechos y deberes que la paternidad impone, con la consiguiente asunción de todas cuantas obligaciones son inherentes a dicho status de paternidad.

Y se condene al demandado al pago de las costas del juicio, si se opusiere al mismo.

OTROSÍ DIGO: Iura novit curia y cuantos principios sean de aplicación al presente supuesto.

En su virtud,

AL JUZGADO /A LA SECCIÓN SUPLICO:

Se sirva tener por presentada esta solicitud.

Es justicia que se pide en [LOCALIDAD] a [DIA] de [MES] de [AÑO].

[FIRMA ABOGADO/A] [FIRMA PROCURADOR/A]

(1) En cuanto a la capacidad y legitimación, hay que tener en cuenta que el artículo 7 de la LEC ha sufrido modificaciones por la Ley 8/2021, de 2 de junio, por la que se reforma la legislación civil y procesal para el apoyo a las personas con discapacidad en el ejercicio de su capacidad jurídica (con fecha de entrada en vigor de 03/09/2021). Así, tras esta modificación, reconoce la legitimación a todas las personas para comparecer en juicio y, si se tratara de menores de edad no emancipadas deberán comparecer mediante la representación, asistencia o autorización exigidos por la ley. En el caso de las personas con medidas de apoyo para el ejercicio de su capacidad jurídica, se estará al alcance y contenido de estas.
Asimismo, mediante la citada ley también fue añadido el artículo 7 bis a la LEC regulando los ajustes para personas con discapacidad en materia de capacidad para ser parte, procesal y legitimación. El RD-ley 6/2023, de 19 de diciembre, modifica el artículo 7 bis de la LEC con entrada en vigor el 20/03/2024.

(2) La Ley 8/2021, de 2 de junio, por la que se reforma la legislación civil y procesal para el apoyo a las personas con discapacidad en el ejercicio de su capacidad jurídica, con entrada en vigor el 3 de septiembre de 2021, modifica la redacción de los apartados 1.º y 2.º del artículo 749 de la Ley de Enjuiciamiento Civil.

(3) La Ley 8/2021, de 2 de junio, por la que se reforma la legislación civil y procesal para el apoyo a las personas con discapacidad en el ejercicio de su capacidad jurídica, con entrada en vigor el 3 de septiembre de 2021, modifica el apartado 1º del artículo 748 del Código Civil, así como los apartados 1.º y 3.º del artículo 753 del referido texto legal. El RD-ley 6/2023, de 19 de diciembre, modifica el artículo 753.1 de la LEC con entrada en vigor el 20/03/2024.

(4) El contenido previsto en el apartado 1.º del artículo 133 del Código Civil ha sido modificado, con efectos de 3 de septiembre de 2021, en virtud de la entrada en vigor de la Ley 8/2021, de 2 de junio, por la que se reforma la legislación civil y procesal para el apoyo a las personas con discapacidad en el ejercicio de su capacidad jurídica. Por su parte, el art. 132 del CC ha sido modificado por la Ley 4/2023, de 28 de febrero, para la igualdad real y efectiva de las personas trans y para la garantía de los derechos de las personas LGTBI, en vigor desde el 2 de marzo del 2023.

(5) La Ley 8/2021, de 2 de junio, por la que se reforma la legislación civil y procesal para el apoyo a las personas con discapacidad en el ejercicio de su capacidad jurídica, con entrada en vigor el 3 de septiembre de 2021, modifica la rúbrica y el apartado 1º del artículo 765 de la Ley de Enjuiciamiento Civil.

(6) La Ley 8/2021, de 2 de junio, por la que se reforma la legislación civil y procesal para el apoyo a las personas con discapacidad en el ejercicio de su capacidad jurídica, con entrada en vigor el 3 de septiembre de 2021, modifica los apartados 1.º y 2.º del artículo 137 del Código Civil. Por su parte, la Ley 4/2023, de 28 de febrero, para la igualdad real y efectiva de las personas trans y para la garantía de los derechos de las personas LGTBI, en vigor desde el 2 de marzo del 2023, ha modificado los arts. 137 y 139 del Código Civil.

(7) El RD-ley 6/2023, de 19 de diciembre, modifica el artículo 437 de la LEC con entrada en vigor el 20/03/2024.

(8) Por la reforma realizada por la LO 1/2025, de 2 de enero, una vez implantados de forma efectiva los tribunales de instancia (D.T. 1.ª), todas las referencias realizadas a los juzgados unipersonales se entenderán realizadas a las secciones del orden jurisdiccional correspondiente de los tribunales de instancia. En este caso, el art. 86 de la LOPJ atribuye esta materia a la Sección de Familia, Infancia y Capacidad.

Demanda de determinación de paternidad e impugnación de filiación contradictoria

---

A TENER EN CUENTA. Por la reforma realizada por la LO 1/2025, de 2 de enero, una vez implantados de forma efectiva los tribunales de instancia (D.T. 1.ª), todas las referencias realizadas a los juzgados unipersonales se entenderán realizadas a las secciones del orden jurisdiccional correspondiente de los tribunales de instancia. En este caso, el art. 86 de la LOPJ atribuye esta materia a la Sección de Familia, Infancia y Capacidad.

AL JUZGADO DE PRIMERA INSTANCIA NÚMERO [NUMERO] **DE** [LOCALIDAD]**/SECCIÓN DE FAMILIA, INFANCIA Y CAPACIDAD DEL TRIBUNAL DE INSTANCIA DE** [ESPECIFICAR] **(1)**

D./D.ª [NOMBRE_PROCURADOR_CLIENTE] con número de colegiado [NUMEROCOLEGIADO_PROCURADOR_CLIENTE], en nombre y representación de D./D.ª [NOMBRE_CLIENTE], según consta acreditado en este procedimiento, con la asistencia letrada de D./D.ª [NOMBRE_ABOGADO_CLIENTE] con número de colegiado [NUMEROCOLEGIADO_ABOGADO_CLIENTE], comparezco y, como mejor proceda en derecho, **DIGO:**

Que por medio del presente escrito, en la representación que tengo acreditada, formulo **DEMANDA DE DETERMINACIÓN DE LA FILIACIÓN NO MATRIMONIAL** contra [NOMBRE_PARTECONTRARIA], en condición de heredera de [NOMBRE], con DNI [DNI] y domicilio en [DIRECCION], con acción acumulada de **IMPUGNACIÓN DE LA FILIACIÓN LEGALMENTE DETERMINADA** contra [NOMBRE_PARTECONTRARIA], con domicilio en [DIRECCION], de acuerdo con lo establecido en el artículo 766 de la Ley de Enjuiciamiento Civil y con los siguientes

HECHOS

PRIMERO. - El hijo de mi mandante nació en fecha [FECHA], como consta en la copia de certificación de inscripción del Registro Civil de [LUGAR] que aportamos como documento n.º 1.

Que el menor se inscribió como hijo matrimonial de [NOMBRE_PARTECONTRARIA].

SEGUNDO. - La demandada es la hija de quien se presume padre del menor de edad, representada legalmente por su madre en este procedimiento.

El menor nació de la relación extramatrimonial entre mi mandante y [NOMBRE].

TERCERO. - *(Explicar indicios sobre paternidad del demandado cuya paternidad se pretende).*

FUNDAMENTOS DE DERECHO

I.- COMPETENCIA

Es competente el Juzgado/sección al que me dirijo en virtud del artículo 51 de la Ley de Enjuiciamiento Civil, por ser los correspondientes al domicilio de la demandada.

II.- PROCEDIMIENTO

En virtud del artículo 753 de la LEC se sustanciará por los trámites del juicio verbal y deberá dársele tramitación preferente por ser interesado un menor de edad. Serán asimismo de aplicación las especialidades en materia de procedimiento y prueba previstas en el artículo 767 del mismo cuerpo legal.

III.- LEGITIMACIÓN

La **legitimación activa** corresponde a mi mandante, en virtud del artículo 765.1 LEC.

La **legitimación pasiva** corresponde a los demandados en virtud del artículo 766 LEC, por tratarse [NOMBRE] del heredero del progenitor respecto del que se solicita la determinación de la filiación y de [NOMBRE] por impugnarse por la presente la filiación legalmente determinada a su favor en virtud de inscripción en el Registro Civil.

El Ministerio Fiscal es parte en este procedimiento por imperativo del artículo 749.1 LEC.

IV.- FONDO DEL ASUNTO

El **artículo 767 de la LEC** establece que no se admitirán demandas de determinación o impugnación de la filiación si con ella no se presenta un principio de prueba de los hechos en que se funde.

El **artículo 39.2 de la Constitución** proclama que «los poderes públicos aseguran la protección integral de los hijos, iguales estos ante la Ley con independencia de su filiación». Prescribe además que la «Ley posibilitará la investigación de la paternidad».

En cuanto a la normativa civil sustantiva son de aplicación los **artículos 108 y siguientes del Código Civil.**

En particular el **artículo 134 del Código Civil** dispone que «el ejercicio de la acción de reclamación, conforme a los artículos anteriores, por el hijo o el progenitor, permitirá en todo caso la impugnación de la filiación contradictoria».

El **artículo 767.2 de la LEC** dispone que «en los juicios sobre filiación será admisible la investigación de la paternidad mediante toda clase de pruebas, incluidas las biológicas».

Audiencia Provincial de Murcia en sentencia n.º 304/2012 de 10 septiembre, ECLI:ES:APMU:2012:2124, razonó sobre los mínimos en cuanto la prueba indiciaria:

> «Sobre el fondo tampoco se puede reconocer razón alguna a la parte apelante pues el artículo 767.1 de la Ley de Enjuiciamiento Civil (RCL 2000, 34 , 962 y RCL 2001, 1892) exige que se aporte un principio de pruebas de los hechos en los que se funde la pretensión que se ejercite. Como bien dice la ley, se trata de un principio de prueba que intenta evitar la admisión de demandas absolutamente infundadas dados los intereses semipúblicos en juego en los procesos de filiación. No se exige una prueba plena, cuya convicción deberá de alcanzarse a lo largo del proceso y con la práctica de las pruebas contradictorias adecuadas a la acción ejercitada, debiendo en todo caso favorecerse la admisión de la acción y rechazarse la demanda sólo en los casos en los que no exista ni un solo dato que permita entender la realidad de la paternidad que se reclama. En el presente caso en la demanda se aportaron una serie de documentos (certificaciones de nacimiento de la actora y de su hermana, diversas fotografías, un extracto de una cuenta bancaria y el libro de familia de su hermana) que por sí solos no son suficientes para declarar la paternidad solici-

tada, pero sí que muestran una relación del demandado con la actora y su familia, incluyendo el primer apellido del Sr. Carlos Alberto en la inscripción en el Registro Civil junto con la referencia a « Carlos Alberto « como nombre del padre a efectos identificativos en la inscripción de la actora en el Registro Civil, nombre fácilmente confundible a la hora de llevar a cabo la inscripción con el de «Carlos Alberto».

El trato dispensado al hijo, el Tribunal Supremo ha declarado: Por otro lado, es, asimismo, doctrina de esta Sala (contenida, precisamente, en las sentencias que invoca la recurrente y en otras muchas más) la de que por posesión de estado debe entenderse aquella relación del hijo con el padre (o madre, en su caso), en concepto de tal hijo ("nomen, tractatus, fama") manifestada por actos reiterados, de forma ininterrumpida, continuada y pública , que es lo ocurrido en el presente supuesto, como se desprende claramente de los hechos que la sentencia recurrida, como antes la de primera instancia, declara probados, que han sido transcritos literalmente en el Fundamento Jurídico anterior y que aquí se dan por reproducidos, los cuales revelan, de forma totalmente inequívoca, que don José Luis S. G.- G. tuvo y consideró a José Guillermo H. (nacido el 24 de marzo de 1975) como hijo suyo ("tractatus") y, como tal hijo, lo dio a conocer incluso fuera del ámbito estrictamente familiar ("fama"). (Sentencia núm. 367/1997 de 6 mayo)».

V.- COSTAS

Deberán ser impuestas a la demandada en virtud del artículo 394 LEC.

Por lo expuesto,

SUPLICO AL JUZGADO/A LA SECCIÓN:

Que teniendo por presentado este escrito y sus documentos, se digne a admitirlo y en su virtud, tenga por promovida la acción de reclamación de filiación no matrimonial frente a [NOMBRE_PARTECONTRARIA], en condición de heredera de [NOMBRE] y de impugnación de la filiación contra [NOMBRE_PARTECONTRARIA], para que, en su día tras los trámites legales oportunos, y previo el recibimiento del pleito a prueba, dicte sentencia en la que se declare que el menor es hijo no matrimonial de [NOMBRE], y, en consecuencia, se ordenen los mandamientos y despachos oportunos para la cancelación de la inscripción de paternidad contradictoria que consta en el Registro Civil de [LOCALIDAD], así como la correspondiente inscripción de la filiación que se determine, todo ello con imposición de costas a los demandados.

Por ser justicia que pido en [LOCALIDAD] a [DIA] de [MES] de [AÑO]

[FIRMA ABOGADO/A] [FIRMA PROCURADOR/A]

OTROSÍ DIGO: de acuerdo con lo dispuesto en el artículo 231 de la Ley Procesal, el tribunal cuidará de que puedan subsanarse los defectos en que incurran los actos procesales de esta parte, a tenor de lo cual se manifiesta expresamente la voluntad de esta parte de cumplir en su totalidad los requisitos exigidos por la ley.

En su virtud:

SUPLICO AL JUZGADO/A LA SECCIÓN:

Tenga por realizadas las anteriores manifestaciones a los efectos legales oportunos.

Por ser justicia, fecha y lugar «ut supra».

[FIRMA ABOGADO/A] [FIRMA PROCURADOR/A]

---

(1) Por la reforma realizada por la LO 1/2025, de 2 de enero, una vez implantados de forma efectiva los tribunales de instancia (D.T. 1.ª), todas las referencias realizadas a los juzgados unipersonales se entenderán realizadas a las secciones del orden jurisdiccional correspondiente de los tribunales de instancia. En este caso, el art. 86 de la LOPJ atribuye esta materia a la Sección de Familia, Infancia y Capacidad.

Escrito de oposición a recurso de apelación contra sentencia de filiación dictada en procedimiento verbal

A LA AUDIENCIA PROVINCIAL DE [PROVINCIA]

Don/Doña [NOMBRE_PROCURADOR_CLIENTE], procurador/a de los tribunales y de don/doña [NOMBRE_CLIENTE], según tengo acreditado en los autos de juicio [ESPECIFICAR] señalados con el número [NÚMERO] bajo la dirección letrada de Don/Doña [NOMBRE_ABOGADO_CLIENTE], ante esta audiencia comparezco y como mejor proceda en derecho, **DIGO**:

El día [FECHA] fue notificada resolución del letrado de la Administración de Justicia dando traslado a esta parte para formular oposición al recurso de apelación interpuesto por la parte adversa frente a la sentencia dictada el [FECHA] por el [JUZGADO] en el proceso [ESPECIFICAR]. Mediante el presente escrito vengo a formular OPOSICIÓN AL RECURSO DE APELACIÓN, en tiempo y forma, en base a las siguientes,

ALEGACIONES

PRIMERA.- Sobre la Sentencia de Primera Instancia

Esta parte muestra su total conformidad con el FALLO de la Sentencia dictada en primera instancia, cuyo fallo resuelve lo siguiente: [INSERTAR FALLO]

Asimismo, hemos de recalcar el FJ [NÚMERO] de la Sentencia, que justifica la decisión tomada en dicho procedimiento, en base a los fundamentos legales que a continuación se expresan [DESCRIBIR]

SEGUNDA.- Sobre la fundamentación correcta de la Sentencia objeto de apelación

La Constitución Española, en su art. 39, apartados 2 y 3, establece:

> «2. Los poderes públicos aseguran, asimismo, la protección integral de los hijos, iguales éstos ante la Ley con independencia de su filiación, y de las madres, cualquiera que sea su estado civil. La Ley posibilitará la investigación de la paternidad.
> 3. Los padres deben prestar asistencia de todo orden a los hijos habidos dentro o fuera del matrimonio, durante su minoría de edad y en los demás casos en que legalmente proceda».

Así, la sentencia de la Audiencia Provincial de Cáceres n.º 14/2007 de 15 de enero, ECLI:ES:APCC:2007:46: «El derecho del hijo a conocer su origen biológico adquiere tal relevancia que, incluso, la propia Constitución Española exhorta al legislador a que se posibilite la investigación de la paternidad (artículo 39). Pero no sólo eso, principio también rector de la actuación de los poderes públicos es asegurar la protección integral de los hijos. Concretamente, la Constitución establece que los hijos, con independencia de su filiación, son iguales ante la Ley y tienen derecho a ser asistidos por sus padres hayan nacido dentro o fuera del matrimonio. Y es que el *derecho a conocer la propia filiación biológica*, incluso con independencia de la jurídica, se erige como un derecho de la personalidad que no puede ser negado a la persona sin quebrantar el derecho a la *identidad personal* y cuyo fundamento hay que buscar en la *dignidad* de la persona y en el *desarrollo de la personalidad* (artículo 10.1 de la Constitución Española)».

El artículo 767.3 de la Ley de Enjuiciamiento Civil dispone que: «3. Aunque no haya prueba directa, podrá declararse la filiación que resulte del reconocimiento expreso o tácito, de la posesión de estado, de la convivencia con la madre en la época de la concepción, o de otros hechos de los que se infiera la filiación, de modo análogo».

Respecto del principio de prueba que debe contener el escrito de demanda y el artículo 767.1 de la Ley de Enjuiciamiento Civil, que establece que:

> «1. En ningún caso se admitirá la demanda sobre determinación o impugnación de la filiación si con ella no se presenta un principio de prueba de los hechos en que se funde».

El actual artículo 767.2 de la Ley de Enjuiciamiento Civil dice que:

> «2. En los juicios sobre filiación será admisible la investigación de la paternidad y de la maternidad mediante toda clase de pruebas, incluidas las biológicas».

Asimismo, el artículo 752 de la LEC establece una serie de especialidades en materia probatoria y faculta al tribunal para decretar de oficio cuantas pruebas estime pertinentes, tanto en primera como en segunda instancia. Y es que, siendo la filiación materia de orden público por afectar al estado civil de las personas, carecen por ello los litigantes de libertad de disposición y el tribunal no resulta vinculado a su conformidad, alegaciones y respuestas o documentos sobre los hechos (arts. 751 y 752 LEC). (Sentencia de la Audiencia Provincial de Vizcaya n.º 178/2010, de 31 de marzo, ECLI:ES:APBI:2010:1111).

En favor a este argumento la sentencia de la Audiencia Provincial de Albacete n.º 18/2005, de 1 de febrero, ECLI:ES:APAB:2005:57 dispone sobre las pruebas biológicas que prueben la existencia de la filiación que: *«Se dice en la STC 7/94 que «el demandado en un proceso de filiación no matrimonial sólo podría legítimamente* **negarse** *a someterse a unas pruebas biológicas si* **no** *existieran* **indicios serios** *de la conducta que se le atribuye (STC 37/1989, fundamento jurídico 8.º.3), o pudiera existir un* **gravísimo quebranto** *para su* **salud***. Pero para salvaguardar el derecho de todo ciudadano a no verse sometido a reconocimientos de carácter biológico a causa de demandas frívolas o torticeras, la ley ya establece dos* **precauciones***:*

A) La primera, que "el Juez no admitirá la demanda si con ella no se presenta un **principio de prueba** *de los hechos en que se funda» (art. 127.2 ;CC hoy art. 767.1 LEC). Es cierto que la jurisprudencia interpreta este requisito con criterio amplio, precisamente para no reducir las posibilidades de investigación (...) [STS 15 marzo 1989 (RJ 1989/2054)].*

B) La segunda, y decisiva, salvaguardia legal se sitúa en el acto mismo de decidir la realización de las **pruebas biológicas***: éstas solo proceden si no son "impertinentes o inútiles" (art. 566 LECivil Antigua, hoy art. 283 de la LEC). Criterio legal que, unido a la trascendencia de este tipo de prueba, (...), conduce a que la autoridad judicial sólo disponga la realización de pruebas biológicas cuando, a la vista de los elementos de convicción obrantes en el proceso, resulte del todo necesario para esclarecer una paternidad posible, no meramente inventada por quien formula la acción de filiación, como ha declarado la Sentencia de casación de 24 mayo 1989 (RJ 1989/3886)».*

Por su parte, cabe invocar al artículo 110 del Código Civil: *«Aunque no ostenten la patria potestad, ambos progenitores están obligados a velar por los hijos menores y a prestarles alimentos»*. De la determinación de la filiación se derivan efectos jurídicos tales como los apellidos (artículo 109 del CC) como signo de pertenencia de la persona a una familia, el deber de amparo que impone el artículo 110 del CC a los progenitores, el deber de dar alimentos que recoge el artículo 143 del CC y los derechos sucesorios (Sentencia de la Audiencia Provincial de Barcelona n.º 196/2010, de 23 de marzo, ECLI:ES:APB:2010:4059).

Por todo lo expuesto,

SUPLICO A LA SALA:

Que teniendo por presentado este escrito, lo admita y en su virtud dicte sentencia por la que se confirme la resolución de instancia.

Es justicia. En [LOCALIDAD] a [FECHA]

[NOMBRE ABOGADO] [NOMBRE PROCURADOR]

Escrito interesando el inicio de expediente de jurisdicción voluntaria en materia de aprobación del reconocimiento de filiación no matrimonial

> **A TENER EN CUENTA.** Por la reforma realizada por la LO 1/2025, de 2 de enero, una vez implantados de forma efectiva los tribunales de instancia (D.T. 1.ª), todas las referencias realizadas a los juzgados unipersonales se entenderán realizadas a las secciones del orden jurisdiccional correspondiente de los tribunales de instancia. En este caso, el art. 86 de la LOPJ atribuye esta materia a la Sección de Familia, Infancia y Capacidad.

AL JUZGADO DE PRIMERA INSTANCIA DE [LOCALIDAD]/
SECCIÓN DE FAMILIA, INFANCIA Y CAPACIDAD DEL
TRIBUNAL DE INSTANCIA DE [ESPECIFICAR] **(2)**

D./D.ª [NOMBRE PROCURADOR/A CLIENTE], procurador/a de los tribunales, actuando en nombre y representación de **D./D.ª** [NOMBRE CLIENTE], mayor de edad, con DNI número [NUMERO], y domicilio sito en [DOMICILIO], según resulta de [ESCRITURA DE PODER GENERAL PARA PLEITOS CONFERIDA A MI FAVOR/APODERAMIENTO APUD ACTA], bajo la dirección letrada de **D./D.ª** [NOMBRE_LETRADO_CLIENTE], ante este juzgado/esta sección comparezco y como mejor proceda en derecho, **DIGO:**

Por medio del presente escrito, y en la invocada representación, conforme a lo dispuesto en el artículo 23 de la Ley 15/2015, de 2 de julio, de Jurisdicción Voluntaria, promuevo inicio de expediente en materia de **SOLICITUD DE APROBACIÓN JUDICIAL DE RECONOCIMIENTO DE FILIACIÓN NO MATRIMONIAL.**

Con base en los siguientes,

HECHOS

PRIMERO.- Con fecha de [FECHA] se produjo el nacimiento del menor D./D.ª [NOMBRE], concebido por mi patrocinado y por D./D.ª [NOMBRE], quienes han mantenido una relación more uxorio durante [ESPECIFICAR] años.

- Se acompaña como **documento n.º** [NÚMERO], certificado médico de nacimiento del menor de fecha de [FECHA].

- Se acompaña como **documento n.º** [NÚMERO], certificado de empadronamiento de mi patrocinado.

- Se acompaña como **documento n.º** [NÚMERO], certificado de empadronamiento de la madre del menor D.ª [NOMBRE].

- Se acompaña como **documento n.º** [NÚMERO], copia del contrato de arrendamiento de vivienda suscrito por mi patrocinado y por la madre del menor en fecha de [FECHA].

SEGUNDO.- La relación sentimental y de convivencia mantenida entre mi patrocinado y D.ª [NOMBRE] finalizó en el mes de [MES] de [AÑO], con anterioridad al alumbramiento del menor **D./D.ª** [NOMBRE].

TERCERO.- Mi patrocinado compareció en tiempo y forma ante el Registro Civil de [LOCALIDAD] para efectuar el reconocimiento de su hijo, no pudiendo practicarse la inscripción del menor por causa de la petición de suspensión de la misma interesada por la madre del menor D./D.ª [NOMBRE].

CUARTO.- Habida cuenta de la realidad de la filiación no matrimonial del/la menor D./D.ª [NOMBRE], concebido por mi patrocinado y por D./D.ª [NOMBRE] en virtud de la relación mantenida por ellos, resultando necesaria la aprobación judicial del reconocimiento de la filiación no matrimonial del mismo, conforme a lo dispuesto en el artículo 23.3.c) de la Ley 15/2015, de 2 de julio, de Jurisdicción Voluntaria, deberá solicitarse por el padre aprobación judicial para la eficacia de la filiación no matrimonial de un menor, siempre y cuando el reconocimiento se hubiera realizado dentro del plazo establecido para practicar la inscripción de nacimiento y ésta hubiera sido suspendida a petición de la madre.

A los anteriores hechos le resultan de aplicación los siguientes,

FUNDAMENTOS JURÍDICOS

I.- JURISDICCIÓN Y COMPETENCIA

Conforme a lo dispuesto en el artículo 24.1 de la Ley de Jurisdicción Voluntaria, la competencia para conocer del presente expediente de aprobación judicial para la eficacia del reconocimiento de la filiación no matrimonial recae sobre el juzgado de primera instancia (sección de familia) correspondiente al domicilio del reconocido.

II.- CAPACIDAD Y LEGITIMACIÓN

Conforme a lo dispuesto en el artículo 24.2 de la Ley de Jurisdicción Voluntaria, está legitimado el solicitante para promover el presente expediente, en su calidad de progenitor autor del reconocimiento.

III.- POSTULACIÓN Y DEFENSA

Aun no resultando preceptiva la intervención de procurador y abogado, según lo dispuesto en el artículo 24.3 de la Ley de Jurisdicción Voluntaria, comparece el promovente del expediente con representación procesal y dirección letrada. **(1)**

IV.- PROCEDIMIENTO

Corresponde la tramitación del presente expediente a través del procedimiento establecido en el artículo 25 de la Ley de Jurisdicción Voluntaria.

V.- FONDO DEL ASUNTO

Conforme a lo dispuesto en el artículo 25 de la Ley de Jurisdicción Voluntaria, deberá ser parte en el presente expediente el Ministerio Fiscal:

> «Admitida a trámite la solicitud por el letrado de la Administración de Justicia, éste citará a comparecencia al solicitante y, según proceda, al progenitor conocido, al representante legal o curador del reconocido y a este si tuviera suficiente madurez, y en todo caso si fuera mayor de 12 años, así como a sus descendientes si hubiere fallecido y los hubiere, y a las personas que se estime oportuno, así como al Ministerio Fiscal».

Por lo expuesto,

SUPLICO AL JUZGADO/A LA SECCIÓN:

Que tenga por presentado este escrito con sus copias y documentos, lo admita, y en su virtud, tenga por promovido expediente de jurisdicción voluntaria en materia de **SOLICITUD DE APROBACIÓN JUDICIAL DE RECONOCIMIENTO DE FILIACIÓN NO MATRIMONIAL** y, previos los trámites legales oportunos, incluyendo la citación a la comparecencia prevista en el art. 25 de la Ley 15/2015, de 2 de julio de Jurisdicción Voluntaria, dicte resolución acordando aprobar el reconocimiento de la filiación no matrimonial respecto al menor D./D.ª[NOMBRE], remitiendo al Registro Civil competente testimonio de la resolución recaída para la inscripción del nacimiento del menor.

Por ser justicia que pido en [LUGAR], a [FECHA].

Letrado D./D.ª [NOMBRE]

[NUMERO COLEGIADO ABOGADO_CLIENTE]

Procurador D./D.ª [NOMBRE]

[NUMERO COLEGIADO_PROCURADOR_CLIENTE]

---

(1) Debe notarse que el art. 14 de la LJV, inserto en el título I de la ley (que contiene las normas comunes de tramitación de los expedientes) ha sido modificado por RD-ley 6/2023, de 19 de diciembre, de modo que:

«3. Cuando por ley no sea preceptiva la intervención de Abogado y Procurador, se facilitará al interesado en la Oficina judicial o a través de sede electrónica un impreso normalizado o formulario para llevar a cabo la solicitud, no siendo en este caso necesario que se concrete la fundamentación jurídica de lo solicitado.

La solicitud podrá presentarse por cualquier medio, incluyendo los previstos en la normativa de acceso electrónico de los ciudadanos a la Administración de Justicia. De presentarse en papel, habrán de acompañarse tantas copias cuantos sean los interesados».

Dicha reforma entra en vigor el 20 de marzo de 2024. Hasta ese momento, el art. 14 de la LJV sigue aplicándose de conformidad con su redacción original.

(2) Por la reforma realizada por la LO 1/2025, de 2 de enero, una vez implantados de forma efectiva los tribunales de instancia (D.T. 1.ª), todas las referencias realizadas a los juzgados unipersonales se entenderán realizadas a las secciones del orden jurisdiccional correspondiente de los tribunales de instancia. En este caso, el art. 86 de la LOPJ atribuye esta materia a la Sección de Familia, Infancia y Capacidad.

Contestación a la acción de impugnación de paternidad extramatrimonial por reconocimiento

A TENER EN CUENTA. Por la reforma realizada por la LO 1/2025, de 2 de enero, una vez implantados de forma efectiva los tribunales de instancia (D.T. 1.ª), todas las referencias realizadas a los juzgados unipersonales se entenderán realizadas a las secciones del orden jurisdiccional correspondiente de los tribunales de instancia. En este caso, el art. 86 de la LOPJ atribuye esta materia a la Sección de Familia, Infancia y Capacidad.

Procedimiento: [NÚMERO] [AÑO].

AL JUZGADO DE PRIMERA INSTANCIA DE [LUGAR]/ SECCIÓN DE FAMILIA, INFANCIA Y CAPACIDAD DEL TRIBUNAL DE INSTANCIA DE [ESPECIFICAR] (1)

D./D.ª [NOMBRE_PROCURADOR], procurador/a de los Tribunales en nombre y representación de D./D.ª [NOMBRE_CLIENTE], con domicilio en esta ciudad en [DOMICILIO], y provisto de DNI número [NÚMERO], lo que acredito mediante [ESCRITURA DE PODER GENERAL PARA PLEITOS/REPRESENTACIÓN APUD ACTA] a mi favor conferido, copia del cual adjunto como documento n.º [NÚMERO], bajo la dirección letrada de D./D.ª [NOMBRE_LETRADO] colegiado/a n. º [NUMERO_COLEGIADO] del Ilustre Colegio de Abogados de [LOCALIDAD], como mejor proceda en derecho,

DIGO

Por medio del presente escrito vengo a formular **CONTESTACIÓN A LA DEMANDA DE JUICIO VERBAL** para la **IMPUGNACIÓN DE LA FILIACIÓN PATERNA EXTRAMATRIMONIAL**, de conformidad con los siguientes,

HECHOS

PRIMERO.- Conformes con el correlativo: el demandante reconoció como hija no matrimonial a [NOMBRE] en fecha [FECHA], tal y como acreditó con la copia de la inscripción del Registro Civil que aportó con la demanda.

SEGUNDO.- Disconformes con el correlativo.

Aquel reconocimiento no está viciado de error, dolo, violencia o intimidación, sino que se trata de los llamados reconocimientos de complacencia, es decir, aquellos que, como su propio nombre indica, tratan de «complacer» a la madre y a la hija, como aconteció en el caso que nos ocupa, aun sabiendo que no era su padre biológico.

Además, en este caso se produce la «posesión de estado» ya que, desde aquel reconocimiento, el hijo lleva los apellidos del demandante (nomen); ha existido siempre una auténtica relación paternofilial (tractatus), como se acredita con la documental que aportamos con este escrito de contestación; y siempre se ha creado la apariencia pública de familiaridad entre ambos (fama).

A los anteriores hechos le resultan de aplicación los siguientes,

FUNDAMENTOS DE DERECHO

I.- Conformes con los correlativos en cuanto a competencia, legitimación y procedimiento.

II. - FONDO DEL ASUNTO

El **artículo 120 del CC** establece los casos en que la filiación no matrimonial queda determinada legalmente:

1.º En el momento de la inscripción del nacimiento, por la declaración conforme realizada por el padre o progenitor no gestante en el correspondiente formulario oficial a que se refiere la legislación del Registro Civil.

2.º Por el reconocimiento ante el Encargado del Registro Civil, en testamento o en otro documento público.

3.º Por resolución recaída en expediente tramitado con arreglo a la legislación del Registro Civil.

4.º Por sentencia firme.

5.º Respecto de la madre o progenitor gestante, cuando se haga constar su filiación en la inscripción de nacimiento practicada dentro de plazo, de acuerdo con lo dispuesto en la Ley del Registro Civil.

En este caso, no puede declararse la nulidad del reconocimiento, tal y como dispone la doctrina jurisprudencial que más adelante expondremos, sino que se trata de una acción de impugnación de la paternidad recogida en el artículo 140 párrafo segundo del CC, por existir en nuestro caso posesión de estado.

Así, el **artículo 140 del CC** dispone que «Cuando exista posesión de estado, la acción de impugnación corresponderá a quien aparece como hijo progenitor y a quienes por la filiación puedan resultar afectados en su calidad de herederos forzosos. La acción caducará pasados cuatro años desde que el hijo, una vez inscrita la filiación goce de la posesión de estado correspondiente».

1) De los «reconocimientos de complacencia»

Sentencia del Tribunal Supremo n.º 494/2016, de 15 de julio, ECLI:ES:TS:2016:3192:

> «5.ª) No cabe sostener la ilicitud de la causa del reconocimiento de complacencia sobre la base de que la intención del reconocedor es hacer nacer, al margen de las normas sobre la adopción, una relación jurídica de filiación entre él y la persona de la que sabe o tiene la convicción de que no es hijo biológico suyo, puesto que dicha motivación no puede considerarse contraria a la ley: el autor de un reconocimiento de complacencia de su paternidad no pretende (ni por supuesto conseguirá) establecer una relación jurídica de filiación adoptiva con el reconocido. No puede considerarse tampoco una motivación contraria al orden público, cuando el propio legislador (hoy la Ley 17/2006, de 26 de mayo) permite con gran amplitud las técnicas de reproducción humana asistida con gametos o preembriones de donantes. Ni contraria a la moral: se constata que los reconocimientos de complacencia de la paternidad son frecuentes, y no se aprecia que susciten reproche social; lo que sugiere que cumplen una función

que, normalmente —cuando la convivencia entre el reconocedor y la madre del reconocido perdura—, se ajusta a los deseos y satisface bien los intereses de todos los concernidos».

2) De la nulidad de los reconocimientos de complacencia

Sentencia del Tribunal Supremo n.º 494/2016, de 15 de julio, ECLI:ES:TS:2016:3192:

«Es evidente que la tesis de que el reconocimiento de complacencia de la paternidad es nulo por falta de objeto presupone, sin base legal alguna, que el reconocimiento es, en el Derecho español, una confesión de la realidad o, al menos, de la convicción que el reconocedor tiene de que el reconocido es hijo biológico suyo.

(...).

El Código Civil español no establece como requisito estructural para la validez del reconocimiento que éste se corresponda con la verdad biológica. No figura como tal requisito en los artículos 121 a 126 CC. Ningún otro artículo del mismo cuerpo legal contempla una acción de anulación del reconocimiento por falta de correspondencia con la verdad biológica; es más, su artículo 138 parece excluir toda acción de anulación del reconocimiento, por falta de dicha correspondencia, que no sea la contemplada en el artículo 141 CC.

2.ª) Ninguno de los requisitos de validez o eficacia del reconocimiento establecidos en los artículos 121 a 126 CC busca asegurar que aquél se corresponda con la verdad biológica: obviamente no, los consentimientos complementarios previstos en los artículos 123 , 124 y 126; tampoco, la aprobación judicial que requiere el artículo 124 CC , puesto que la falta de tal correspondencia no tiene por qué significar que el reconocimiento sea contrario al interés del menor o incapaz de cuyo reconocimiento se trate».

3) De la acción de impugnación de la filiación

Doctrina fijada por la **sentencia del Tribunal Supremo n.º 494/2016, de 15 de julio, ECLI:ES:TS:2016:3192:**

«El reconocimiento de complacencia de la paternidad no es nulo por ser de complacencia. No cabe negar por esa razón la inscripción en el Registro Civil de tal reconocimiento. La acción procedente será la regulada en el artículo 136 CC si la paternidad determinada legalmente por el reconocimiento es matrimonial en el momento de ejercicio de la acción; y será la que regula el artículo 140.II CC si la paternidad es no matrimonial y ha existido posesión de estado, aunque ésta no persista al tiempo del ejercicio de la acción».

Doctrina fijada por la **sentencia del Tribunal Supremo n.º 318/2011, de 4 de julio, ECLI:ES:TS:2011:5546:**

«La acción de impugnación de la filiación extramatrimonial, determinada por un reconocimiento de complacencia, puede ejercitarse por quien ha efectuado dicho reconocimiento, al amparo del artículo 140 CC, dentro de los cuatro años siguientes a la fecha del reconocimiento».

III.- COSTAS

Se impondrán a la parte demandante de conformidad con el art. 394 de la LEC.

Por lo expuesto,

SUPLICO AL JUZGADO/A LA SECCIÓN:

Que tenga por presentado este escrito con sus documentos, se sirva a admitirlo y, en su virtud, tenga por presentada **CONTESTACIÓN A LA DEMANDA DE JUICIO VERBAL** frente a D./D.ª [NOMBRE PARTE CONTRARIA] y, previos los trámites legales oportunos, dicte en su día sentencia por la que desestime la demanda y, por tanto, declare no haber lugar a la impugnación de la paternidad extramatrimonial reconocida, con expresa imposición de costas.

Es justicia que pido en [LOCALIDAD], a [DÍA] de [MES] de [AÑO].

Letrado D./D.ª [NOMBRE]

[NUMEROCOLEGIADO_ABOGADO_CLIENTE]

Procurador D./D.ª [NOMBRE]

[NUMEROCOLEGIADO_PROCURADOR_CLIENTE]

---

(1) Por la reforma realizada por la LO 1/2025, de 2 de enero, una vez implantados de forma efectiva los tribunales de instancia (D.T. 1.ª), todas las referencias realizadas a los juzgados unipersonales se entenderán realizadas a las secciones del orden jurisdiccional correspondiente de los tribunales de instancia. En este caso, el art. 86 de la LOPJ atribuye esta materia a la Sección de Familia, Infancia y Capacidad.

Demanda de reclamación de filiación no matrimonial por hijo mayor de edad. Sin posesión de estado. (Paternidad)

> **A TENER EN CUENTA**. Por la reforma realizada por la LO 1/2025, de 2 de enero, una vez implantados de forma efectiva los tribunales de instancia (D.T. 1.ª), todas las referencias realizadas a los juzgados unipersonales se entenderán realizadas a las secciones del orden jurisdiccional correspondiente de los tribunales de instancia. En este caso, el art. 86 de la LOPJ atribuye esta materia a la Sección de Familia, Infancia y Capacidad.

AL JUZGADO DE PRIMERA INSTANCIA DE [LUGAR] **QUE POR TURNO CORRESPONDA/SECCIÓN DE FAMILIA, INFANCIA Y CAPACIDAD DEL TRIBUNAL DE INSTANCIA DE** [ESPECIFICAR] **(4)**

Don/Doña [NOMBRE_PROCURADOR], procurador/a de los tribunales en nombre y representación de **don/doña** [NOMBRE_CLIENTE], con domicilio en esta ciudad en [DOMICILIO], y provisto de DNI número [NÚMERO], lo que acredito mediante [ESCRITURA DE PODER GENERAL PARA PLEITOS/REPRESENTACIÓN APUD ACTA] a mi favor conferido, copia del cual adjunto como documento n.º [NÚMERO], bajo la dirección letrada de don/doña [NOMBRE_LETRADO], colegiado/a n.º [NÚMERO_COLEGIADO] del Ilustre Colegio de Abogados de [LOCALIDAD], como mejor proceda en derecho,

DIGO

Por medio del presente escrito, formulo **DEMANDA PARA LA DETERMINACIÓN DE LA FILIACIÓN** paterna no matrimonial contra **don/doña** [NOMBRE_PARTE_CONTRARIA] con DNI [NÚMERO] y domicilio [DOMICILIO PARTE CONTRARIA], y ello con base en los siguientes,

HECHOS

PRIMERO.- Los progenitores de mi poderdante se conocieron en el año [AÑO], iniciando una relación de [DESCRIPCIÓN] a consecuencia de la cual doña [NOMBRE_MADRE_CLIENTE] se quedó embarazada del hoy demandado.

Se acompañan como **documentos n.º** [NÚMERO] y [NÚMERO], fotografías en que ambos aparecen juntos, en la primera solos y en la segunda con otros amigos, los cuales testificarán en el momento procesal oportuno **(1)**.

SEGUNDO.- Enterada doña [NOMBRE_MADRE_CLIENTE] de su embarazo, lo comunicó al demandado, quien hizo caso omiso de sus obligaciones para con su vástago, naciendo el demandante en fecha [FECHA], concretamente [NÚMERO] meses después de la relación entre su madre y el hoy demandado.

Se acompaña como **documento n.º** [NÚMERO], certificado de nacimiento del actor.

TERCERO.- [DESCRIPCIÓN] **(2).**

CUARTO.- Es por lo expuesto, por lo que interesa mi representado la presente acción, a los efectos de que se determine su filiación.

A los anteriores hechos le son de aplicación los siguientes,

FUNDAMENTOS DE DERECHO

I.- JURISDICCIÓN Y COMPETENCIA

Corresponde al órgano al que me dirijo en virtud de los artículos 4 y concordantes de la Ley Orgánica del Poder Judicial y del artículo 36 de la Ley 1/2000, de 7 de enero, de Enjuiciamiento Civil.

Y, además, conforme al art. 22 quáter letra d) de la Ley Orgánica del Poder Judicial que establece que, en el orden civil, los tribunales españoles serán competentes en materia de filiación y de relaciones paternofiliales, cuando el hijo tenga su residencia habitual en España al tiempo de la demanda o el demandante sea español o resida habitualmente en España.

La competencia objetiva corresponde a los juzgados de primera instancia conforme al artículo 45 de la Ley de Enjuiciamiento Civil./Corresponde conocer de este asunto a las secciones de familia del tribunal de instancia de acuerdo con el art. 86 de la LOPJ.

En cuanto a la competencia territorial, es competente el juzgado (sección) al que me dirijo, en virtud del artículo 50.1 de la Ley de Enjuiciamiento Civil, por ser el del domicilio del demandado.

II.- CAPACIDAD Y LEGITIMACIÓN

Ambas partes poseen capacidad y legitimación suficiente de conformidad con lo estipulado en los artículos 6, 10 y concordantes de la Ley de Enjuiciamiento Civil. A tal respecto, la legitimación activa le corresponde a mi representado, al ser este el interesado en que se determine su filiación paterna, ostentando el demandado la legitimación pasiva conforme a lo prevenido en el artículo 766 de la Ley de Enjuiciamiento Civil por ser la persona a la que se atribuye la condición de padre del actuante.

III.- POSTULACIÓN PROCESAL

La parte demandante litiga representada por procurador/a y asistida de abogado/a, conforme exige el artículo 750.1 de la Ley 1/2000, de 7 de enero, de Enjuiciamiento Civil.

IV.- PROCEDIMIENTO

Dispone el artículo 748 de la Ley de Enjuiciamiento Civil que se aplicarán las disposiciones del título I del libro IV de dicha norma a los procesos de filiación, paternidad y maternidad, correspondiendo a los artículos 764 y concordantes lo relativo a los procedimientos de filiación.

V.- INTERVENCIÓN DEL MINISTERIO FISCAL

Debe ser parte el Ministerio Fiscal, tal y como establece el artículo 749.1 de la Ley de Enjuiciamiento Civil.

VI.- FONDO DEL ASUNTO

De conformidad con lo dispuesto en el apartado 2 del artículo 39.2 de la Constitución Española:

«Los poderes públicos aseguran, asimismo, la protección integral de los hijos, iguales éstos ante la ley con independencia de su filiación, y de las madres, cualquiera que sea su estado civil. La ley posibilitará la investigación de la paternidad».

A través del contenido del precepto constitucional antedicho, se consagra el principio de libre investigación de la paternidad y la filiación (**SAP de Cáceres n.º 14/2007, de 15 de enero, ECLI:ESAPCC:2007:46**).

«El derecho del hijo a conocer su origen biológico adquiere tal relevancia que, incluso, la propia Constitución Española exhorta al legislador a que se posibilite la investigación de la paternidad (artículo 39). Pero no sólo eso, principio también rector de la actuación de los poderes públicos es asegurar la protección integral de los hijos. Concretamente, la Constitución establece que los hijos, con independencia de su filiación, son iguales ante la Ley y tienen derecho a ser asistidos por sus padres hayan nacido dentro o fuera del matrimonio. Y es que el derecho a conocer la propia filiación biológica, incluso con independencia de la jurídica, se erige como un derecho de la personalidad que no puede ser negado a la persona sin quebrantar el derecho a la identidad personal y cuyo fundamento hay que buscar en la dignidad de la persona y en el desarrollo de la personalidad (artículo 10.1 de la Constitución Española) (...)».

Asimismo, dispone el artículo 764.1 de la Ley de Enjuiciamiento Civil que podrá pedirse de los tribunales la determinación legal de la filiación en los casos previstos en la legislación civil.

En virtud de la presente demanda, se ejercita **acción de reclamación de filiación paterna no matrimonial prevista en el artículo 133 del Código Civil,** que establece que la acción de reclamación de filiación no matrimonial, cuando falta la respectiva posesión de estado, **corresponde al hijo durante toda su vida.** En este sentido, es clara tanto la literalidad del precepto como la postura mantenida al respecto por el Alto Tribunal, entre otras, la **STS n.º 18/2017, de 17 de enero, ECLI:ES:TS:2017:110:**

«**No hay ejercicio tardío del derecho** con relevancia jurídica en estos casos, pues el artículo 133 CC establece que **la acción puede ejercitarse durante toda la vida del hijo** (así lo destacó, entre otras, la sentencia de esta sala 253/2003, de 11 marzo), sin que puedan establecerse diferencias en cuanto al ejercicio por la madre —a favor del hijo— o por el propio hijo —**cuando alcance la mayoría de edad**— de la acción correspondiente (...)».

El artículo 108 del Código Civil expresa que (3):

«La filiación puede tener lugar por naturaleza y por adopción. La filiación por naturaleza puede ser matrimonial y no matrimonial. Es matrimonial cuando los progenitores están casados entre sí.

La filiación matrimonial y la no matrimonial, así como la adoptiva, surten los mismos efectos, conforme a las disposiciones de este Código».

Los artículos 109 y 112 del CC expresan que la filiación determina los apellidos con arreglo a lo dispuesto en la ley y produce sus efectos desde que tiene lugar. Su determinación legal tiene efectos retroactivos siempre que la retroactividad sea compatible con la naturaleza de aquellos y la ley no dispusiere lo contrario.

Artículo 113 del Código Civil

«La filiación se acredita por la inscripción en el Registro Civil, por el documento o sentencia que la determina legalmente, por la presunción de paternidad matrimonial y, a falta de los medios anteriores, por la posesión de estado. Para la admisión de pruebas distintas a la inscripción se estará a lo dispuesto en la Ley de Registro Civil.

No será eficaz la determinación de una filiación en tanto resulte acreditada otra contradictoria».

Artículo 120.4 del Código Civil

«La filiación no matrimonial quedará determinada legalmente:
(...)
4.º Por sentencia firme».

Respecto de la ausencia de necesidad de acreditar que entre los progenitores se hubiera tenido que producir una relación sentimental, se ha pronunciado el **Tribunal Supremo en su sentencia n.º 460/2017, de 18 de julio, ECLI:ES:TS:2017:2815:**

«(...) Tampoco es necesario que se pruebe la existencia de una relación sentimental entre las partes, pues basta una simple relación de conocimiento de la que pudiera inferirse la posibilidad de la procreación en atención a datos como los que concurren en el caso presente, al estar acreditado que la demandante y el demandado se conocían porque frecuentaban el mismo gimnasio —en la época aproximada de la concepción de la hija de la demandante— donde se relacionaban, a lo que hay que añadir que el titular del establecimiento declaró que, según comentarios, estaban «liados». Es cierto que como prueba de paternidad tales circunstancias resultan insuficientes, pero ello —unido a la negativa del demandado— permite al tribunal hacer dicha declaración con plena certeza».

VII.- ESPECIALIDADES EN MATERIA DE PROCEDIMIENTO Y PRUEBA

El **artículo 767** de la Ley de Enjuiciamiento Civil nos dice que:

«1. En ningún caso se admitirá la demanda sobre determinación o impugnación de la filiación si con ella no se presenta un principio de prueba de los hechos en que se funde.

2. En los juicios sobre filiación será admisible la investigación de la paternidad y de la maternidad mediante toda clase de pruebas, incluidas las biológicas.

3. Aunque no haya prueba directa, podrá declararse la filiación que resulte del reconocimiento expreso o tácito, de la posesión de estado, de la convivencia con la madre en la época de la concepción, o de otros hechos de los que se infiera la filiación, de modo análogo.

4. La negativa injustificada a someterse a la prueba biológica de paternidad o maternidad permitirá al tribunal declarar la filiación reclamada, siempre que existan otros indicios de la paternidad o maternidad y la prueba de ésta no se haya obtenido por otros medios».

Para el caso de la negativa a la prueba, y teniendo en consideración la existencia de un indicio de prueba ya expuesto en el cuerpo de esta demanda, la propia **sentencia del Tribunal Supremo n.º 460/2017, de 18 de julio, ECLI:ES:TS:2017:2815** indica lo siguiente:

«(...) **No cabe primar la actuación de quien obstaculiza,** sin razón justificada, la averiguación de la verdad teniendo a su alcance la posibilidad de facilitar a la otra parte y al tribunal la solución del problema litigioso, confiando por su parte en que la falta de certeza de la prueba aportada por la demandante le permita obviar la declaración de paternidad y el cumplimiento de su función y obligaciones paternofiliales. Resulta contrario a elementales principios de justicia propiciar que estas conductas de negación puedan generalizarse privando al hijo de la posibilidad de obtener certeza sobre su filiación, dando efectividad a la negativa únicamente en aquellos casos en que la prueba resulta menos necesaria al existir elementos probatorios suficientes para deducir la paternidad del demandado. Lo deseable es que la determinación de la filiación respecto del demandado se produzca cuanto antes, bien sea con resultado positivo o negativo, no sólo por razones de seguridad jurídica sino por los propios derechos de carácter material que se traducen en la obligación de alimentos cuando la hija va a alcanzar una edad en que las necesidades de todo tipo son cuantitativamente mayores. No cabe, en ningún caso, dar mayor protección a la opción obstruccionista del demandado que a intereses de tan alta valoración como los ya expresados que corresponden a la menor, en cuyo beneficio se ejercita la acción de reclamación de la filiación paterna. A todo lo anterior es preciso añadir que hoy día ya no resulta imprescindible la extracción de sangre para la práctica de la prueba, pues los avances científicos permiten obtener con total fiabilidad las muestras necesarias para ello de forma absolutamente indolora, bastando una muestra del ADN de ambos (posible padre, e hijo) mediante la obtención de las células epiteliales de la mucosa oral, siendo suficientes incluso las muestras derivadas de manchas de sangre o sudor, uñas cortadas, cepillo de dientes, chicles, dientes de leche o pelos arrancados de raíz, entre otros medios».

En este sentido, encontramos también la **STS n.º 18/2017, de 17 de enero, ECLI:ES:TS:2017:110:**

«La sentencia del TC 29/2005, de 14 de febrero, con cita del ATC 37172003, de 21 de noviembre, recoge que «hemos rechazado que se pueda atribuir a la referida negativa a someterse a la práctica de la prueba biológica ‹un carácter absoluto de prueba de paternidad, introduciéndose una carga contra cives que no está autorizada normativamente›, ni puede interpretarse dicha negativa como una ficta confessio del afectado (ATC 221/1990, de 31 de mayo , FJ2, in extenso), sino la condición de un indicio probatorio que ha de ser ponderado por el órgano judicial en el contexto valorativo anteriormente expuesto, es decir, en relación con la base probatoria (indiciaria) existente en el procedimiento (STC 95/1999, de 31 de mayo , FJ 2)"».

Si bien, en el caso que se expone, el **resto de prueba es claro** conforme se establece esa posibilidad de que el mandante sea hijo biológico del demandado.

VIII.- COSTAS

Conforme al artículo 394 de la Ley de Enjuiciamiento Civil, las costas deberán ser impuestas al demandado.

Por lo expuesto,

SUPLICO AL JUZGADO/A LA SECCIÓN:

Que teniendo por presentado este escrito, con los documentos y copias que se acompañan, se sirva admitirlo, y teniéndome por parte en la representación de don/doña [NOMBRE_CLIENTE], quien actúa por sí mismo, tenga por formulada **DEMANDA DE RECLAMACIÓN DE FILIACIÓN PATERNA NO MATRIMONIAL** de don/doña

[NOMBRE_CLIENTE], contra don [NOMBRE_PARTECONTRARIA], y con citación del Ministerio Fiscal, y, seguido el juicio por sus trámites legales dicte sentencia en su día por la que:

A) Declare que don [NOMBRE_PARTECONTRARIA] es el **padre biológico** de don/doña [NOMBRE_CLIENTE];

B) Declare que los **apellidos** de don/doña [NOMBRE_CLIENTE] son [DESCRIPCIÓN].

C) Ordene la **rectificación en el Registro Civil** de la inscripción de nacimiento de don/doña [NOMBRE_CLIENTE], que figura inscrito en el Registro Civil de [LOCALIDAD], sección 1.ª, libro [NÚMERO], página [NÚMERO], en el sentido de que:

- Se haga constar que el padre de don/doña [NOMBRE_CLIENTE] es don [NOMBRE_PARTECONTRARIA], hijo de [NOMBRE] y de [NOMBRE], nacido en [LOCALIDAD], el día [DIA], de estado [DESCRIPCIÓN], nacionalidad [DESCRIPCIÓN] y domicilio en [DESCRIPCIÓN].

- Se haga constar que el primer apellido de don/doña [NOMBRE_CLIENTE] es [NOMBRE].

D) Con expresa imposición de costas al demandado, don [NOMBRE_PARTECONTRARIA], si se opusiera a esta demanda.

Por ser de justicia, en [CIUDAD] a [FECHA].

Letrado/a [NOMBRE Y FIRMA LETRADO] Procurador/a [NOMBRE Y FIRMA PROCURADOR]

PRIMER OTROSÍ DIGO: sin perjuicio de reiterarlo en el momento procesal oportuno, desde este momento se interesa el recibimiento del pleito a prueba

SUPLICO AL JUZGADO/A LA SECCIÓN:

Que teniendo por efectuada la anterior manifestación, acuerde el recibimiento del pleito a prueba.

Por ser de justicia, fecha y lugar ut supra.

Letrado/a [NOMBRE Y FIRMA LETRADO] Procurador/a [NOMBRE Y FIRMA PROCURADOR]

SEGUNDO OTROSÍ DIGO: PRUEBA PERICIAL MÉDICO-LEGAL

Siendo necesario para determinar si don [NOMBRE_PARTECONTRARIA] es el padre biológico del menor [NOMBRE], la realización de prueba biológica, esta parte, conforme a lo dispuesto en el **artículo 339.2** de la Ley de Enjuiciamiento Civil, solicita se proceda por el juzgado a librar oficio al Instituto Nacional de Toxicología u organismo médico competente, o, caso de no estar conforme el demandado con la práctica por dicho organismo la referida prueba, a designar un perito, a fin de que realice todas aquellas pruebas pertinentes en las personas del demandado y demandante para determinar que don [NOMBRE_PARTECONTRARIA] es el padre biológico del actor.

SUPLICO AL JUZGADO/A LA SECCIÓN:

Que tenga por solicitada la prueba indicada, la admita y provea lo necesario para su práctica.

Por ser de justicia, fecha y lugar ut supra.

Letrado/a [NOMBRE Y FIRMA LETRADO] Procurador/a [NOMBRE Y FIRMA PROCURADOR]

TERCER OTROSÍ DIGO: siendo intención de esta parte cumplir con todos los requisitos legales, a tenor de lo previsto en el artículo 231 de la Ley de Enjuiciamiento Civil, se solicita se le diere traslado de cualquier defecto que adoleciere la presente demanda, para la inmediata subsanación de la misma.

SUPLICO AL JUZGADO/A LA SECCIÓN:

Que tenga por efectuada la anterior manifestación a los efectos oportunos.

Por ser de justicia, fecha y lugar ut supra.

Letrado/a [NOMBRE Y FIRMA LETRADO] Procurador/a [NOMBRE Y FIRMA PROCURADOR]

---

(1) Incluir todo tipo de prueba que sirva de base para la acción, tanto fotografías como testificales, cartas, correos electrónicos, etc.
(2) Indicar si se han intentado contactos entre las partes o entre los progenitores, así como prueba, de existir, al respecto.
(3) El art. 108 del Código Civil ha sido modificado por la Ley 4/2023, de 28 de febrero, para la igualdad real y efectiva de las personas trans y para la garantía de los derechos de las personas LGTBI, con entrada en vigor el 02/03/2023.
(4) Por la reforma realizada por la LO 1/2025, de 2 de enero, una vez implantados de forma efectiva los tribunales de instancia (D.T. 1.ª), todas las referencias realizadas a los juzgados unipersonales se entenderán realizadas a las secciones del orden jurisdiccional correspondiente de los tribunales de instancia. En este caso, el art. 86 de la LOPJ atribuye esta materia a la Sección de Familia, Infancia y Capacidad.

Solicitud de autorización judicial para reconocimiento de la filiación no matrimonial

A TENER EN CUENTA. Por la reforma realizada por la LO 1/2025, de 2 de enero, una vez implantados de forma efectiva los tribunales de instancia (D.T. 1.ª), todas las referencias realizadas a los juzgados unipersonales se entenderán realizadas a las secciones del orden jurisdiccional correspondiente de los tribunales de instancia. En este caso, el art. 86 de la LOPJ atribuye esta materia a la Sección de Familia, Infancia y Capacidad.

AL JUZGADO DE PRIMERA INSTANCIA DE [LOCALIDAD]**//**
SECCIÓN DE FAMILIA, INFANCIA Y CAPACIDAD DEL
TRIBUNAL DE INSTANCIA DE [ESPECIFICAR] **(1)**

Don/Doña [NOMBRE PROCURADOR CLIENTE], procurador/a de los Tribunales, actuando en nombre y representación de **don/doña** [NOMBRE], mayor de edad, con DNI número [DNI], y domicilio sito en [DOMICILIO], según resulta de [ESCRITURA DE PODER GENERAL PARA PLEITOS CONFERIDA A MI FAVOR/APODERAMIENTO APUD ACTA], interviniendo a su vez mi poderdante en su calidad de tutor de don/doña. [NOMBRE] bajo la dirección letrada de **don/doña** [NOMBRE], ante este juzgado/esta sección comparezco y como mejor proceda en derecho,

DIGO

Por medio del presente escrito, y en la representación invocada, conforme a lo dispuesto en el artículo 23 de la Ley 15/2015, de 2 de julio, de Jurisdicción Voluntaria, formulo **SOLICITUD DE AUTORIZACIÓN JUDICIAL DEL RECONOCIMIENTO DE LA FILIACIÓN NO MATRIMONIAL** con respecto a don/doña [NOMBRE], y ello con base en los siguientes,

HECHOS

PRIMERO.- Con fecha de [FECHA] se produjo el nacimiento del menor don/doña [NOMBRE] en el centro hospitalario [ESPECIFICAR].

Se acompaña como **documento n.º** [NÚMERO] certificado de nacimiento del menor de fecha [FECHA] emitido por el facultativo don/doña [ESPECIFICAR].

SEGUNDO.- El menor fue concebido en el seno de la relación more uxorio mantenida por don/doña [NOMBRE] con don/doña [NOMBRE], progenitor/a del/la menor.

Se acompaña como **documento n.º** [NÚMERO] certificado de empadronamiento de ambos progenitores, conforme convivían en el mismo domicilio.

TERCERO.- Con anterioridad al nacimiento del menor, a don/doña [NOMBRE] se le establecieron las siguientes medidas de apoyo [ESPECIFICAR] y se nombró como curador a su hermano [NOMBRE] con funciones representativas para [ESPECIFICAR] en virtud de sentencia número [NÚMERO] de fecha [FECHA] del Juzgado de Primera Instancia número [NÚMERO] dictada en el procedimiento número [NÚMERO] seguido ante él.

Se acompaña como **documento n.º** [NÚMERO] copia testimoniada de la precitada sentencia con expresión de su firmeza.

Se acompaña como **documento n.º** [NÚMERO] acta de aceptación del cargo del curador de fecha [FECHA].

CUARTO.- Habida cuenta de los antecedentes fácticos expuestos, se interesa la autorización judicial para que mi patrocinado/a, en tanto en cuanto curador de su hermano/a don/doña [NOMBRE], procede al reconocimiento de la filiación no matrimonial del hijo de éste, don/doña [NOMBRE].

A los anteriores hechos le resultan de aplicación los siguientes,

FUNDAMENTOS JURÍDICOS

I.- JURISDICCIÓN Y COMPETENCIA

Conforme a lo dispuesto en el artículo 24.1 de la Ley 15/2015, de 2 de julio, de Jurisdicción Voluntaria, la competencia para conocer del presente expediente de aprobación judicial para la eficacia del reconocimiento de la filiación no matrimonial recae sobre el juzgado de primera instancia (sección de familia) correspondiente al domicilio del reconocido.

II.- CAPACIDAD Y LEGITIMACIÓN

Conforme a lo dispuesto en los artículos 23.2 y 24.2 de la Ley 15/2015, de 2 de julio, de Jurisdicción Voluntaria, está legitimado el solicitante para promover el presente expediente, en su calidad de progenitor autor del reconocimiento, promoviéndolo en el presente supuesto a través de su hermano y tutor.

III.- POSTULACIÓN Y DEFENSA

Aun no resultando preceptiva la intervención de procurador/a y abogado/a, según lo dispuesto en el artículo 24.3 de la Ley de Jurisdicción Voluntaria, comparece el promovente del expediente con representación procesal y dirección letrada.

IV.- PROCEDIMIENTO

Corresponde la tramitación del presente expediente a través del procedimiento establecido en el artículo 25 de la Ley de Jurisdicción Voluntaria.

V.- FONDO DEL ASUNTO

Artículo 23 de la LJV

> «1. Se aplicarán las disposiciones de este capítulo en todos los casos en que, conforme a la ley, el reconocimiento de la filiación no matrimonial necesite para su validez autorización o aprobación judicial.
> 2. Se presentará solicitud instando autorización judicial para el otorgamiento del reconocimiento de la filiación no matrimonial del menor o de la persona con discapacidad con medidas de apoyo para el ejercicio de su capacidad jurídica por quien sea hermano o consanguíneo en línea recta del progenitor cuya filiación esté determinada legalmente.
> 3. Se solicitará aprobación judicial para la eficacia del reconocimiento de la filiación no matrimonial de un menor o persona con discapacidad con medidas de apoyo para el ejercicio de su capacidad jurídica otorgado:
> a) Por quien no pueda contraer matrimonio por razón de edad.

b) Por quien no tenga el consentimiento expreso de su representante legal o la asistencia del curador del reconocido ni del progenitor legalmente conocido, siempre que no hubiera sido reconocido en testamento o dentro del plazo establecido para practicar la inscripción del nacimiento.

c) Por el padre, cuando el reconocimiento se hubiera realizado dentro del plazo establecido para practicar la inscripción del nacimiento y cuando ésta se hubiera suspendido a petición de la madre.

4. También se instará la aprobación judicial para la validez del reconocimiento no matrimonial por una persona con discapacidad con medidas de apoyo para el ejercicio de su capacidad jurídica».

Conforme a lo dispuesto en el artículo 25 de la Ley 15/2015, de 2 de julio, de Jurisdicción Voluntaria, deberá ser parte en el presente expediente el Ministerio Fiscal.

Por lo expuesto,

SUPLICO AL JUZGADO/A LA SECCIÓN:

Que tenga por presentado este escrito con sus copias y documentos, lo admita, y en su virtud, tenga por promovido expediente de jurisdicción voluntaria en materia de **SOLICITUD DE AUTORIZACIÓN JUDICIAL DE RECONOCIMIENTO DE FILIACIÓN NO MATRIMONIAL** y, previos los trámites legales oportunos, incluyendo la citación a la comparecencia prevista en el art. 25 de la Ley 15/2015, de 2 de julio de Jurisdicción Voluntaria, dicte resolución acordando autorizar el reconocimiento de la filiación no matrimonial respecto al menor don/doña [NOMBRE], remitiendo al Registro Civil competente testimonio de la resolución recaída para la inscripción del nacimiento del menor.

Por ser justicia que pido en [LUGAR] a [FECHA].

Letrado/a don/doña [NOMBRE]   Procurador/a don/doña [NOMBRE]

---

(1) Por la reforma realizada por la LO 1/2025, de 2 de enero, una vez implantados de forma efectiva los tribunales de instancia (D.T. 1.ª), todas las referencias realizadas a los juzgados unipersonales se entenderán realizadas a las secciones del orden jurisdiccional correspondiente de los tribunales de instancia. En este caso, el art. 86 de la LOPJ atribuye esta materia a la Sección de Familia, Infancia y Capacidad.